EL

REVELADOR

DE

EL

REVELADOR

DE

HANK KUNNEMAN

CASA
CREACIÓN
A STRANG COMPANY

La mayoría de los productos de Casa Creación están disponibles a un precio con descuento en cantidades de mayoreo para promociones de ventas, ofertas especiales, levantar fondos y atender necesidades educativas. Para más información, escriba a Casa Creación, 600 Rinehart Road, Lake Mary, Florida, 32746; o llame al teléfono (407) 333-7117 en Estados Unidos.

El *revelador de secretos* por Hank Kunneman
Publicado por Casa Creación
Una compañía de Strang Communications
600 Rinehart Road
Lake Mary, Florida 32746
www.casacreacion.com

A menos que se indique lo contrario, todos los textos bíblicos han sido tomados de la versión Reina-Valera, de la *Santa Biblia*, revisión 1960. Usado con permiso.

Originally published in English under the title:
The Revealer of Secrets © 2009 by Hank Kunneman
Published by Charisma House, A Strang Company, Lake Mary FL 32746
All rights reserved.

Traducido por Belmonte Traductores
Director de Diseño: Bill Johnson
Diseño de portada por: Justin Evans

Library of Congress Control Number: 2009931879
ISBN: 978-1-59979-574-4

Impreso en los Estados Unidos de América
10 11 12 13 14 * 7 6 5 4 3 2

Este libro está dedicado al Espíritu Santo y sus profetas, que sacrificaron y dieron su vida para llevar la Palabra del Señor. Sus palabras aún hablan hoy, ¡y el sonido de su sangre tan perseguida profetiza en cada generación!

ÍNDICE

OÍR SECRETOS DE LA SALA DEL TRONO

Después de esto miré, y he aquí una puerta abierta
en el cielo; y la primera voz que oí, como de trompeta, hablando conmigo, dijo: Sube acá, y yo te
mostraré las cosas que sucederán después de estas.

–Apocalipsis 4:1

ME DIRIGIERON A UNA HABITACIÓN DONDE SE HALLABA
un hombre de pie muy bien vestido y con una mirada ma-
jestuosa rodeado de hombres de seguridad. Nunca había
visto antes a este hombre, ni sabía quién era. Alguien que estaba a
mi lado dijo: "Este hombre quiere que le des una palabra de parte de
Dios". Yo accedí, sin saber qué esperar. En actitud de oración puse
mi mano sobre su hombro y esperé para ver si el Señor me hablaba
algo. Abrí mi boca, y el Señor comenzó a revelar muchos secretos de
la vida de este hombre, incluyendo algunas cosas sobre su futuro.

Tras unos minutos hablando algunas cosas muy detalladas escuché del Señor, abrí mis ojos y vi lágrimas en sus ojos y una mirada
de impacto en su rostro. ¡Yo también me quedé impactado! Luego
me explicó quién era diciendo: "Soy el presidente de…", y nombró
la nación. Siguió diciendo: "He buscado en videntes y otras personas, pero sus palabras, señor, han hecho temblar mis huesos. Me ha

revelado secretos que nadie sabe, incluso en relación con cosas de mi propio escritorio".

Esta experiencia me recordó lo que ocurrió con Daniel cuando interpretó un sueño para el rey Nabucodonosor. Como el poder del Señor estaba sobre las palabras de Daniel, el rey supo inmediatamente que el sueño era de Dios y que el Señor sin duda era el Rey y Señor de todo: "Ciertamente el Dios vuestro es Dios de dioses, y Señor de los reyes, y el que revela los misterios, pues pudiste revelar este misterio" (Daniel 2:47).

Sí, Dios verdaderamente es el *revelador de secretos*, como afirma este versículo. Este atributo de Dios hará que los grandes líderes se postren ante el Señor. Yo le agradezco al Señor el haber tenido otras muchas oportunidades de ministrar a líderes y presidentes de naciones. Es algo maravilloso ver sus conmovedoras respuestas cuando oyen lo que Dios quiere revelarles.

En la Biblia, Dios siempre tuvo una voz profética que llevó los secretos del Señor a reyes y líderes de naciones. Aun hoy día, como indica Apocalipsis 4:1, se están abriendo puertas en el cielo para recibir los secretos de la sala del trono y, al mismo tiempo, las puertas se abren en la tierra para que compartamos esos secretos, los cuales muestran el corazón y la voluntad de Dios para todo el mundo, incluso para los líderes de las naciones.

SECRETOS DE LA SALA DEL TRONO

Cuando el Señor me abrió la puerta para recibir secretos de la sala del trono para el líder mencionado al principio de este capítulo, resultó en una gran bendición tanto para él como para su país. No es raro que Dios coloque un portavoz que tiene secretos celestiales en su boca para ministrar a líderes. De hecho, las palabras proféticas deberían ser un elemento clave para afectar a las naciones de manera positiva.

Dios usó a individuos específicos en la Biblia para cambiar el curso de la historia de ciertas naciones. Dos profetas, Natán y Samuel, le hablaron al rey David y le ayudaron en su liderazgo. A lo largo de los libros de 1 y 2 de Reyes, los profetas o portavoces de Dios hablaron palabras a reyes de naciones para ayudarles a gobernar sus naciones. Los líderes que escucharon a los profetas de Dios y obedecieron siempre fueron bendecidos con las ricas recompensas de las bendiciones de Dios. Hoy día, como entonces, es vitalmente importante que haya voces proféticas que puedan hablar —y líderes en la arena política que escuchen— para provocar que las naciones que obedezcan la voz de Dios entren en las bendiciones de Dios.

Sin embargo, los secretos de Dios no son sólo para el mundo de la política, sino también para nosotros como individuos y para las otras personas con quien nos encontraremos. El Señor desea que veamos y oigamos lo que se está tramando en el cielo en relación con nosotros aquí en la tierra. Usted le puede pedir a Dios —e incluso anticipar— ser un revelador de secretos en su vida.

Principios para recibir los secretos de Dios

En Isaías 6 vemos algunos principios muy importantes que tenemos que entender para recibir los secretos del Señor en cualquier nivel, ya sea para los más altos líderes nacionales o para la persona normal de la vida cotidiana. Eche un vistazo a estos principios de Isaías 6:

1. "Vi yo al Señor" (versículo 1): Si usted está en posición con Dios para oír secretos de la sala del trono, verá al Señor. Es importante reconocer que está representando a Dios mismo y su carácter cuando comparte lo que cree que Él está diciendo. La gente sólo debe ver a Jesús y su corazón.

2. "Santo, santo, santo..." (versículo 3): Esto es lo que el profeta Isaías oyó que decían los ángeles. Nunca olvide que está recibiendo algo santo, y que debería tratarlo como tal cuando comparta las cosas que cree que ha

oído y visto. Los secretos de Dios nunca se deberían decir con orgullo, rudeza o de forma inapropiada, ni se deberían sobre espiritualizar o pronunciar con una gesticulación innecesaria.

3. "¡Ay de mí! que soy muerto" (versículo 5): Dios quiere cambiarle y prepararle para que comparta el corazón de Él. Para ser cambiado, tiene que estar dispuesto a ver sus defectos y lidiar con ellos. Cuando usted decide cambiar y desea ser como Cristo, entonces se le pueden confiar los secretos profundos del corazón de Dios.

4. "Porque siendo hombre inmundo de labios... han visto mis ojos al Rey, Jehová de los ejércitos" (versículo 5): Una vez que reconozca que el Señor es el único que merece algún crédito, obtiene el derecho de hablar por Él. Muchos quieren compartir sus secretos, pero tienen sus ojos fuera de Jesús y buscan la atención y el aplauso de aquellos a los que hablan. Somos simplemente vasos terrenales, así que ponga sus ojos en Él hasta que anhele que sólo Él reciba toda la gloria.

5. Uno de los serafines, teniendo en su mano un carbón encendido...y tocando con él sobre mi boca" (versículos 6-7): Dios quiere refinar sus palabras y sus métodos de pronunciarlas, y quiere enseñarle el arte de saber cuándo compartir y cuándo guardar silencio. Dios usa un carbón espiritual para refinar sus palabras. Cuando usted hable, hablará exactamente lo que el Señor quiere de una forma digna de un estadista. Es importante aprender la disciplina con la palabra del Señor. No todo lo que veamos u oigamos desde el trono del cielo es para compartirlo, o puede que tenga un tiempo específico para ser compartido.

6. "Anda, y di" (versículo 9): Aquí aprendemos obediencia.
Siempre debería recordar que "anda, y di" viene *después* de experimentar las cosas que primero edifican su carácter. Además, independientemente de lo que Dios diga, usted debe ser obediente a la hora de pronunciar su palabra; aun si es algo que no quiere hacer. Por ejemplo, usted no puede huir de la tarea de Dios como lo hizo Jonás cuando intentó evitar ir a Nínive.

Estos principios me han ayudado cuando comparto la palabra del Señor con la gente. Mi motivo más importante debe ser siempre levantar a Jesús y representarme a mí mismo correctamente en todo lo que comparto. He llegado a la conclusión de que cuanto más soy cambiado y camino como Jesús lo hizo, más correctamente puedo compartir sus palabras con otros.

Recuerdo una vez en concreto cuando tuve que ser obediente para compartir un secreto de la sala del trono que parecía como si no fuera a ocurrir. Antes de la elección de 2000, Dios había destapado un secreto de la sala del trono el cual yo me sentía fuertemente guiado a compartir. Lo compartí con muchas personas en los Estados Unidos. Literalmente, el Señor me mostró que George W. Bush iba a ser el próximo presidente de los Estados Unidos. Yo sabía en mi corazón que esta palabra de Dios no debía ser opacada por mi propia interpretación, respaldo, preferencia u opinión políticas, sino que me había sido confiado lo que el Señor estaba diciendo que sucedería "después de esto" (Apocalipsis 4:1).

Sabía la importancia de guardar mis preferencias políticas para que no fueran un factor en lo que yo estaba viendo sobre el presidente Bush porque previamente, durante los años noventa, el Señor había compartido otro secreto en relación con la elección presidencial de Bill Clinton. Él me había mostrado que Clinton sería elegido presidente, y yo tenía que profetizarlo para decepción de muchos cristianos. Mi opinión no podía mezclarse con el secreto que me habían dado. De hecho, en esa elección anterior, ¡incluso voté por otro candidato a pesar de lo que profeticé!

LA VISIÓN DE LA MANO

Pronto descubrí que sería probado en mi corazón en relación con la palabra que había recibido sobre la elección del presidente Bush. Cuando llegó el día de las elecciones, aunque compartí esta palabra con muchas personas, ¡parecía que estaba ocurriendo justamente lo contrario! "El presidente de los Estados Unidos es Al Gore", dijo el canal de noticias que estaba escuchando la noche de las elecciones del año 2000. Recuerdo cómo me sentí cuando lo oí. "¡Qué! ¿Cómo puede ser?", pensé. Quería meter mi cabeza debajo de la manta cuando me acosté acordándome de las muchas personas que me oyeron proclamar el secreto que creía que era de Dios.

Había tenido una visión en diciembre de 1999 y luego otra vez en junio de 2000 mientras ministraba en una conferencia durante la cual Dios me reveló su palabra. Vi una mano oscura que se levantaba sobre los Estados Unidos desde el suelo de la tierra. Había algo dentro de su palma; la mano crecía cada vez más mientras se elevaba de la tierra. Luego percibí un rayo de luz brillante sobre la tierra, procedente de la dirección de los cielos hacia los Estados Unidos, donde estaba la mano. Dentro de la mano oscura estaba Al Gore. La mano le estaba levantando de la tierra hasta que el rayo de luz empujó la mano que sostenía a Al Gore haciéndole volver a la tierra hasta que desapareció.

El mismo rayo de luz celestial comenzó luego a moverse al contrario de las agujas del reloj tres veces. Alcanzó y levantó a un hombre que estaba en medio de esta luz. La luz colocó al hombre sobre la Casa Blanca, y yo reconocí que el hombre era George W. Bush. Mientras me acordaba ahora de esta visión, me di cuenta que Dios me estaba mostrando lo que iba a ocurrir con estas elecciones, incluyendo aun los tres recuentos de votos en Florida, indicado por el movimiento en sentido contrario a las agujas del reloj de la luz tres veces.

Así que se puede imaginar cómo me sentí ese día cuando parecía que estaba sucediendo lo contrario de lo que yo había visto. Finalmente, sin embargo, para mi alivio, la visión ocurrió como yo lo había visto, pero tuve que ser obediente aun cuando probó mi confianza.

Es muy importante que la puerta al cielo esté abierta hoy para que podamos oír lo que Dios quiere decir y hacer en esta generación. Su palabra nos prepara para ser la iglesia poderosa para las tareas que tenemos por delante. Los días en los que estamos viviendo fueron anticipados en Daniel 12 cuando se abrían los sellos proféticos y los acontecimientos de los últimos tiempos están siendo dados a conocer:

> "Pero tú, Daniel, cierra las palabras y sella el libro hasta el tiempo del fin. Muchos correrán de aquí para allá, y la ciencia se aumentará"... Y yo oí, mas no entendí. Y dije: Señor mío, ¿cuál será el fin de estas cosas? El respondió: "Anda, Daniel, pues estas palabras están cerradas y selladas hasta el tiempo del fin".
>
> —DANIEL 12:4, 8-9

Dios está reservando ciertos eventos y cosas para un tiempo específico. Y no pretenden ser revelaciones espeluznantes de algún vidente, sino un cumplimiento de la Escritura por medio de la que Dios abre la puerta del cielo y nosotros recibimos un vistazo de lo que el Señor quiere traer. Como resultado de recibir las revelaciones de Dios, podemos estar preparados para actuar como corresponde.

Muchas veces he recibido una palabra de Dios sobre algún evento y no entendía o quizá no me gustaba el resultado de lo que vi o escuché. Por ejemplo, mientras ministraba el 14 de diciembre de 2003, en una visión vi un puño que venía y golpeaba Irán, y oí la palabra *¡Bam!* Le dije a la audiencia lo que vi, pero ninguno supimos lo que significaba, así que lo único que pudimos hacer fue orar. Tristemente, en menos de dos semanas después, el 26 de diciembre ocurrió un gran terremoto en la ciudad de Bam, Irán1. No estaba realmente seguro por qué Dios me mostró esto, salvo para que orásemos y quizá impedir que hubiera más muertes en este horrible acontecimiento. Puede que nunca sepamos totalmente hasta que estemos en el cielo cómo nuestras oraciones ayudaron en esa situación.

Cuando no entendemos el propósito de lo que vemos en los secretos del Señor, es vital que simplemente oremos. A veces Dios revelará incluso más información o un plan de acción en oración; otras veces, puede que no revele más, y en ese caso, siga cubriendo la situación con oración.

EL MUNDO TIENE PREGUNTAS DIFÍCILES

Cosas como el terrorismo, violencia, desastres naturales, elecciones presidenciales y otros eventos históricos ocurren en todas partes, y el mundo acude a nosotros con preguntas difíciles. La Biblia dice en 2 Crónicas 9:1: "Oyendo la reina de Sabá la fama de Salomón, vino a Jerusalén con un séquito muy grande, con camellos cargados de especias aromáticas, oro en abundancia, y piedras preciosas, para probar a Salomón con preguntas difíciles". Ahí es exactamente donde el mundo se encuentra hoy. Se preguntan qué se trama en el cielo y que dice Dios, y tienen curiosidad de saber si Dios, de hecho, habla de estas cosas.

¡La respuesta es sí! Dios siempre tiene un vocero o profeta por medio del cual desea revelar este tipo de secretos.

Quiero que se anime sabiendo que Dios no le ha dejado solo en este planeta sin esperanza alguna. Amós 3:7 dice: "Porque no hará nada Jehová el Señor, sin que revele su secreto a sus siervos los profetas". La Biblia también nos anima en Ezequiel 7:26: "Quebrantamiento vendrá sobre quebrantamiento, y habrá rumor sobre rumor; y buscarán respuesta del profeta". ¡Guau! ¡Dios no nos ha dejado a usted y a mí sin esperanza o sin un vocero! Ya sean desastres naturales o rumores terroríficos, Él no hará nada sin primero compartir sus secretos.

Sabemos que esto ocurrió en los días de Abraham antes de que las ciudades de Sodoma y Gomorra fueran potencialmente destruidas.

Dios bajó a compartir su corazón con su amigo Abraham. "Y Jehová dijo: ¿Encubriré yo a Abraham lo que voy a hacer?" (Génesis 18:17). Aquí Dios descendió con su amigo Abraham para compartir un secreto de la sala del trono. Este acontecimiento sobre Sodoma y Gomorra se podría haber evitado si hubiera habido diez personas justas, según el número que Abraham le sugirió al Señor. Dios le estaba dando a su amigo una oportunidad de involucrarse en detener algo que estaba a punto de ocurrir. Como la gente de hoy día, estoy seguro que muchas personas que vivieron antiguamente se preguntaron qué ocurriría después que las ciudades fueran destruidas.

Las preguntas de los hombres no son cada vez más fáciles, y el deseo de Dios de compartir sus secretos es cada vez mayor porque anhela compartir su corazón y perspectiva con nosotros como lo hizo con Abraham. Debemos estar listos cuando nos hagan estas preguntas difíciles. Primera de Pedro 3:15 dice: "Estad siempre preparados para presentar defensa con mansedumbre y reverencia ante todo el que os demande razón de la esperanza que hay en vosotros".

Esto fue especialmente cierto después de los sucesos del 11 de septiembre de 2001. Muchas personas en el mundo carecían de respuestas a las difíciles preguntas, y a veces parecía que no había muchos voceros de Dios. También parecía que no había demasiados cristianos que lo vieran venir, cuanto menos saber lo que decir al mundo después de que ocurrió.

Yo era uno de los que no estaban preparados. Lo único que recuerdo es que tuve un sueño la noche antes donde vi un edificio en llamas, gente gritando y sujetas de las manos y algunos incluso saltando de un edificio. No había más entendimiento, interpretación o instrucción. Oré por ello durante unos momentos por la mañana, pero no fue hasta después de oír las noticias que me acordé del sueño. Realmente no lo vi venir como para responder. ¿Fue el sueño una llamada de atención y un llamado a orar?

Sé por las experiencias de la vida y por la Biblia que Dios no nos muestra todo todas las veces. Si lo hiciera, simplemente no seríamos capaces de manejarlo emocionalmente. Sin embargo, Él nos dará las respuestas que necesitamos para ministrar al mundo en el tiempo de la necesidad si le buscamos. Pero no deberíamos sentir que tenemos la responsabilidad de intentar dar respuesta a las preguntas para las que Dios no nos está revelando su palabra.

Aunque Eliseo era un profeta poderoso del Señor, vemos en 2 Reyes que aun este hombre de Dios no lo sabía todo:

> "Partió, pues, y vino al varón de Dios, al monte Carmelo. Y cuando el varón de Dios la vio de lejos, dijo a su criado Giezi: He aquí la sunamita. Te ruego que vayas ahora corriendo a recibirla, y le digas: ¿Te va bien a ti? ¿Le va bien a tu marido, y a tu hijo? Y ella dijo: Bien".
>
> —2 REYES 4:25-26

No debemos pensar nunca que tenemos que saber todos los secretos proféticos. Cuando el mundo nos plantee preguntas difíciles, primero debemos saber que no hay ninguna persona o profeta que tenga todos los secretos, como fue el caso de Eliseo anteriormente. En este caso, el profeta no sabía que el hijo de esta mujer había muerto.

Muchos profetas y gente profética temen decir: "No lo sé". Se sienten presionados a tener toda la revelación de Dios para todo, y eso sencillamente no es bíblico. Ninguna persona o profeta tiene todas las respuestas, y debemos tener la madurez de decirlo cuando no oigamos nada de Dios sobre un asunto específico. La gente en el mundo nos respetará más cuando podamos decir honestamente que, aunque no estamos seguros de un asunto en un momento dado, seguiremos orando y le permitiremos a Dios que nos muestre lo que necesitamos saber para esa situación. De esta manera podemos darle al mundo respuestas legítimas mejores del trono de Dios.

Vemos otra clave importante sobre los secretos de Dios en 1 Reyes 19, donde Dios le dijo a Elías que había otros siete mil profetas que no habían postrado sus rodillas y que también podían oír sus secretos. Dios le estaba recordando a su profeta que el enfoque no era solamente Elías. Ese poderoso profeta no tenía todas las respuestas; había otros siete mil a través de los cuales Dios hablaba. No se sienta presionado a tener su dedo en el pulso profético de cada asunto, entienda que Dios usa muchos vasos y en muchas situaciones Él le revelará secretos a algún otro en lugar de usted. La clave es ser humilde y estar disponible para que Dios pueda usarle para revelarle sus secretos a su manera y a su tiempo.

Aun cuando el secreto del Señor nos sea revelado, habrá momentos en que no entendamos bien lo que significa o incluso lo que pudiera pasar después. Por ejemplo, ¿nos gustaría a usted y a mí tener la visión que tuvo Ezequiel en Ezequiel 10 cuando vio la rueda dentro de la rueda? ¿O que tal la increíble responsabilidad del apóstol Juan en la isla de Patmos cuando vio los eventos proféticos que se encuentran en el libro de Apocalipsis? ¡Guau! Hasta este día, el libro de Apocalipsis sigue siendo de alguna forma un misterio, y nadie parece tener una interpretación exacta de él. ¡Imagine cómo hubiera sido cuando el apóstol Juan lo estaba recibiendo!

Aunque no entienda los detalles, cuando recibe una palabra de Dios, tan sólo grábela, ore por ella y espere hasta que Dios traiga más revelación, o bien a través de usted o a través de otra persona. Recuerde, el secreto se necesita aun cuando no lo entendamos, o de otra forma, ¡Dios no nos lo hubiera dado!

EL SEÑOR HA ESCONDIDO SU SECRETO

He tenido que aprender que quizá no entienda todas las revelaciones cuando llegan. Me pasó esto cuando recibí la palabra con relación a Bam, Irán, la cual he mencionado anteriormente. Tuve una revelación específica pero no sabía lo que significaba. Algo similar ocurrió en relación con el 11 de septiembre. Lo único que recibí de todo eso fue el breve sueño sobre la gente saltando desde el edificio en llamas, pero nunca lo relacioné con ningún desastre inminente. Creo que el

Señor escondió de mis ojos los detalles concretos sobre ambos eventos como lo hizo con Elías en 2 Reyes 4:27: "… El varón de Dios le dijo… Jehová me ha encubierto el motivo, y no me lo ha revelado".

Allá por mayo de 2004, mientras ministraba en Florida, profeticé sobre la serie de huracanes que llegarían ese año. Este secreto profético fue revelado justamente antes de la estación en vimos todos los huracanes en Florida y los Estados Unidos. Esos huracanes llegaron después ese año en agosto. En otra ocasión, poco después, profeticé el nombre de un huracán y el mes exacto en que llegaría a Florida ese año basado en un sueño que tuve. Imagino que la gente decidió que no quería otro huracán como los anteriores, y muchísima gente oró y atacó esa tormenta en oración.

Tras esos eventos, antes y después de que llegara el huracán Katrina de manera destructiva a Nueva Orleáns, recibí llamadas de gente preguntando si Dios no me había hablado sobre ello, y les tuve que decir a todos que Dios no me reveló nada sobre el Katrina como lo había hecho con los otros. Eso sorprendió a muchas personas, y otras me respondieron con rudeza, como si yo debiera saber todos los secretos del mundo. Les dije que el Señor lo había escondido de mis ojos.

A veces lo más difícil de decir es "no lo sé" o "Dios no me lo ha mostrado". Cuando las personas se sienten presionadas a ceder ante las demandas de otras personas y actuar para agradar al hombre, es cuando se desvían y se salen de la unción. Jesús relató este punto mejor en Mateo 11 cuando habló sobre el profeta Juan el Bautista. Me gusta mucho como lo dice la Biblia:

> "Mientras ellos se iban, comenzó Jesús a decir de Juan a la gente: ¿Qué salisteis a ver al desierto? ¿Una caña sacudida por el viento? ¿O qué salisteis a ver? ¿A un hombre cubierto de vestiduras delicadas? He aquí, los que llevan vestiduras delicadas, en las casas de los reyes están. Pero ¿qué salisteis a ver? ¿A un profeta? Sí, os digo, y más que profeta. Porque éste es de quien

está escrito: He aquí, yo envío mi mensajero delante de
tu faz, el cual preparará tu camino delante de ti".

—MATEO 11:7-10

Cuando Jesús dijo: "¿Qué salisteis a ver al desierto?", parece que
quería dar a entender que el profeta Juan el Bautista no cumplía
los estándares o expectativas de los discípulos para su actuación.
¿Estaban esperando que Juan hiciera alguna especie de espectáculo
profético? Esta mentalidad pueda abaratar o hacer que nos perda-
mos lo que Dios está diciendo.

Tal expectativa puede presionar a las personas a actuar y decir
a la gente lo que quiere oír en lugar de lo que realmente Dios está
diciendo. Los profetas son de gran importancia para nosotros y tienen un lugar específico en el corazón de Dios; sin embargo, incluso
los profetas más capacitados no lo saben todo, y no deberíamos
tratarlos como si debieran saberlo, ya que son humanos y pueden
cometer errores. Pueden desconocer algo o interpretar los secretos
que reciben de la sala del trono de manera incorrecta.

Por otro lado, también he visto el caso en que no fue fallo del
profeta a la hora de pronunciar con precisión la palabra de Dios,
sino de los que estaban escuchando, que no entendieron correctamente la interpretación porque estaban demasiado centrados en
querer ver algún tipo de espectáculo profético que encajara con lo
que querían oír. Como no estaban escuchando con *oídos espirituales*, culparon al portavoz por *habérselo perdido*.

Por esto Jesús dijo que tuviéramos cuidado al oír (Lucas 8:18).
Su énfasis estaba en *oír*. Veremos esto con más claridad en un capítulo posterior.

Otro punto a considerar es que puede que Dios le dé a alguien
una palabra profética sobre un acontecimiento relacionado con una
cierta etapa, pero nunca más le vuelva a dar a esa persona otra palabra profética. Por ejemplo, parece que el profeta Jonás sólo recibió
la palabra del Señor acerca de Nínive. Después de eso, ¡nunca se

vuelve a oír de él, ni se le ve dando un mensaje de arrepentimiento a otra ciudad! El Nuevo Testamento nos dice que "conocemos en parte y profetizamos en parte" (1 Corintios 13:9). Cuando Dios le revela parte de un secreto de la sala del trono, debe oír sólo esa parte y compararla con la Palabra de Dios. La Palabra de Dios siempre es el mayor estándar para medir cualquier secreto profético, y le mantendrá acertado.

Quizá no encuentre un capítulo y versículo exactos que estén en consonancia con la palabra profética que recibió; sin embargo, el concepto de lo que ha dicho y cómo se ha compartido debe estar alineado con los principios de la Escritura. Cuando la palabra de Dios —y como se transmite— está en consonancia con la Biblia, ¡podemos confiar en los profetas de Dios y recibir las bendiciones de Dios!

> "Josafat, estando en pie, dijo: Oídme, Judá y moradores de Jerusalén. Creed en Jehová vuestro Dios, y estaréis seguros; creed a sus profetas, y seréis prosperados."
> —2 CRÓNICAS 20:20

Otro concepto erróneo en relación con los profetas o los secretos proféticos es que los profetas no deberían tener que preguntar al individuo al que están profetizando para no recibir ninguna información sobre su situación, porque eso indicará que no están lo suficientemente ungidos. Sienten que los profetas siempre deberían *obtener su información del Señor.*

A veces, cuando estoy ministrando, se me hace útil hacer alguna pregunta a las personas sobre su situación. Esto no indica una falta de revelación profética. Una persona que recibe palabra de Dios puede que no oiga ciertas porciones de información o que simplemente necesite más claridad sobre lo que él o ella está oyendo. Hacer preguntas puede ayudar a discernir la situación más apropiadamente. Esto es lo que ocurrió con el profeta Elías cuando se encontró con la viuda cuyo hijo había muerto. Note las preguntas que le dijo a su siervo que preguntara: "¿Te va bien a ti? ¿Le va bien a tu marido, y a tu hijo?" (2 Reyes 4:26).

A veces hago una pregunta para confirmar lo que estoy sintiendo, porque puede que realmente no sepa con seguridad lo que estoy oyendo de Dios. Otras veces, haciendo una pregunta puedo discernir que no se me ha revelado nada concreto y que el Espíritu Santo no me está guiando a ministrar a esa persona sobre aquello en concreto que él o ella me están preguntando.

En una ocasión en concreto, una pregunta que le hice a una mujer en una iglesia donde estaba ministrando resultó ser de gran bendición. Escuché al Señor decirme: "Dile a la mujer del fondo que perdió a su marido hace seis meses". Después de recibir esa palabra, miré a la mujer a la que Dios me dirigió, y lo que vi no parecía concordar con la palabra que acababa de oír, ya que vi un anillo de boda enorme en su mano izquierda ¡con un diamante tan grande como una señal de tráfico! ¡Brillaba como el sol y hasta casi se burlaba de mí! Yo pensé: "¿Cómo es posible que haya perdido a su marido? ¡Con ese colosal anillo!".

Estaba de pie junto a un hombre casi de su misma edad, el cual yo supuse que debía de ser su marido; sin embargo, ¡me lancé! Señalando en dirección a ella, dije: "La señora del fondo, ¿perdió usted a su marido hace seis meses?". Tan pronto como lo dije, ¡cayó al suelo y comenzó a llorar! "Bueno, debe ser que sí —pensé—, ¿y ahora qué?".

Tras unos minutos, se levantó del suelo y dijo: "¡Sí, así es!". Y seguí compartiendo una bonita palabra para su vida que quizá no hubiera ocurrido si no le hubiera hecho esa pregunta.

Puede que usted esté diciendo: "Bueno, yo nunca he oído ese tipo de cosas específicas que usted menciona". Ánimo, he conocido a innumerables personas que ni siquiera se consideran profetas, y mucho menos llamados al ministerio, que han oído el tipo de secretos específicos que acabo de mencionar. Cualquiera puede oír secretos del Señor si busca a Dios para recibirlos.

Dios se comunica con nosotros de diferentes formas, y escoge ciertos portavoces para oír y pronunciar palabra secretas específicas. La clave para todos nosotros es entender esto: Dios *le usará* para oír *algunos* de sus secretos. Dios siempre nos está extendiendo su brazo y su voz sin importar cuál sea la situación; sin embargo, si siempre tenemos demasiado miedo a salir e intentarlo, no oiremos las cosas que Dios puede que quiera decirnos.

"¿HASTA CUÁNDO SE BURLARÁ DE TI EL ENEMIGO, OH DIOS?"

La situación en nuestros días ha traído muchos desafíos, como terremotos, terrorismo, guerras, crimen, divorcio, corazones rotos y sueños rotos. Puede dejarnos desesperados y confusos, preguntándonos qué puede estar Dios diciendo, y decimos cosas como: "¿Qué estás diciendo Señor? ¿Hay alguien que pueda hablarme?".

Muchas personas se sienten así hoy. Mi esposa Brenda y yo queremos desesperadamente enseñar y demostrar los secretos de Dios con una buena sabiduría bíblica. El diablo no quiere que oigamos los secretos del Señor de esta manera. A lo largo de la historia, los profetas de Dios han sido silenciados, apedreados, y sentenciados a muerte, ¡porque Satanás sabe el gran efecto que la palabra del Señor tiene en esta tierra!

Mire lo que dice la Biblia que ocurre cuando no hay nadie disponible con el que Dios pueda compartir sus secretos:

"En su corazón dijeron: '¡Los haremos polvo!',
y quemaron en el país todos tus santuarios.
Ya no vemos ondear nuestras banderas;
ya no hay ningún profeta,
y ni siquiera sabemos
hasta cuándo durará todo esto.
¿Hasta cuándo, oh Dios, se burlará el adversario?
¿Por siempre insultará tu nombre el enemigo?".
—SALMO 74:8-10 NVI

Esto suena mucho a nuestros días, ¿no es cierto? ¡Una tierra sin los secretos del Señor es lo que busca el diablo! Él quiere mantener en silencio a Dios y a su pueblo para que el mal sea la voz y el sonido predominantes. De esta forma, el diablo se burla de Dios y de su pueblo, y esta burla se produce cuando no hay secretos revelados ni portavoces o profetas del Señor. Para poder llevar a cabo su malévolo plan, Satanás hace que la gente esté insegura y dude sobre pedirle a Dios que les hable sobre las situaciones más importantes de la tierra.

Otro método que el diablo ha usado a lo largo de los siglos es *la tradición religiosa*, que asegura que Dios no habla hoy a través de los profetas. Sin embargo, la Biblia proclama de manera enfática que Dios ha dado profetas a la iglesia (Efesios 4:11). Efesios 2:20 proclama que los profetas son una de las piedras angulares de la iglesia. Lea 1 Corintios 12:28: "Y a unos puso Dios en la iglesia, primeramente apóstoles, luego profetas, lo tercero maestros, luego los que hacen milagros, después los que sanan, los que ayudan, los que administran, los que tienen don de lenguas". Es Dios quien *establece* estos ministerios en la iglesia, y eso no ha cambiado.

Puede que usted no se sienta llamado al oficio bíblico de profeta, pero fue creado para profetizar. "¿Profetizar? ¿Quién, yo?", puede que esté diciendo. La profecía no es algo raro, espeluznante o desfasado, sino Dios compartiendo su corazón con usted y a través de usted en relación con su propia situación o para la de otra persona. Profecía es literalmente los secretos del cielo dados a nosotros para un propósito específico. La Biblia nos dice lo que es la profecía y lo que produce en nuestra vida: "Pero el que profetiza habla a los hombres para edificación, exhortación y consolación" (1 Corintios 14:3). Las profecías son secretos del Señor revelados para edificar, animar y consolar a gente, y esto es exactamente lo que necesita esta tierra en medio de tanta confusión, pánico, temor y desesperación.

No tiene que tener miedo de la profecía; de hecho, Dios no quiere que menospreciemos profetizar o compartir los secretos del Señor. Primera de Tesalonicenses 5:20 dice: "No menospreciéis las profecías". Sólo necesitamos saber cómo reconocer los secretos del Señor y cómo usar el protocolo correcto cuando los compartamos para llevar el mayor honor a nuestro Rey, Jesucristo.

LA LLAVE SECRETA

Honrar al Señor verdaderamente es el mayor privilegio para el que podemos vivir. Es un gran privilegio compartir sus secretos, y debemos estar preparados para hacerlo como es debido. Puede que se pregunte: "¿Cómo se aprende a compartir sus secretos? ¿Cómo puedo entenderlos? ¿Cómo puedo pasar a un nuevo nivel a la hora de recibir los secretos de su sala del trono?".

El versículo con el que comenzamos este capítulo habla de "una puerta abierta en el cielo", a través de la cual una voz aconseja: "Sube acá, y yo te mostraré las cosas que sucederán después de estas" (Apocalipsis 4:1). Con esto en mente, quiero que vea algunos versículos más del libro de Apocalipsis que ofrecen algunas pistas para la llave que necesitamos para recibir los secretos de la sala del trono de Dios.

En Apocalipsis 3:20, leemos: "He aquí, yo estoy a la puerta y llamo; si alguno oye mi voz y abre la puerta, entraré a él, y cenaré con él, y él conmigo". Aquí vemos al Señor en la puerta y esperándonos para pasar un tiempo a solas con nosotros: ¡algo que debemos hacer para oír su voz y recibir sus secretos de la sala del trono!

Hay otro punto importante en Apocalipsis 3:7. Las puertas y las llaves van juntas. Aprendimos de la "puerta abierta" en Apocalipsis 4:1, y este versículo identifica la llave específica que deberíamos usar: "Esto dice el Santo, el Verdadero, el que tiene la llave de David" (Apocalipsis 3:7, NVI). No era una llave cualquiera, sino la llave de David. ¿Qué tiene de relevante David? Según la Biblia, David fue un hombre conforme el corazón de Dios (Hechos 13:22); aunque hizo cosas mal a veces, siempre adoró a Dios y procuró mantener su corazón recto ante el Señor. Fue la comprometida y sincera pasión de David por el Señor lo que se llegó a conocer como una *llave*. ¿Qué llave es esa? Es la llave para entrar por la puerta del trono de Dios, donde encontramos su corazón.

Cuando buscamos verdaderamente el corazón de Dios, recibimos sus secretos. Recuerde que Él está llamando, y si abrimos nuestro corazón, ¡Él vendrá y tendrá comunión con nosotros de una forma íntima en la que oiremos su voz! La llave principal para los secretos de Dios es la intimidad con Él, la cual se produce cuando pasamos tiempo con Él. El Señor está a la puerta y llama. ¿Responderemos? Los secretos más grandes que se nos dan se encuentran en nuestro deseo y búsqueda de los encuentros cara a cara con Él.

Mire lo que Dios dijo sobre su siervo Moisés:

> "Y él les dijo: Oíd ahora mis palabras. Cuando haya entre vosotros profeta de Jehová, le apareceré en visión, en sueños hablaré con él. No así a mi siervo Moisés, que es fiel en toda mi casa. Cara a cara hablaré con él, y claramente, y no por figuras; y verá la apariencia de Jehová. ¿Por qué, pues, no tuvisteis temor de hablar contra mi siervo Moisés?".
>
> —NÚMEROS 12:6-8

Según estos versículos, podemos identificar cuatro niveles por medio de los cuales podemos recibir los secretos de la sala del trono que Dios pone hoy a nuestra disposición.

1. Nivel básico

> Jehová descenderá a ojos de todo el pueblo sobre el monte de Sinaí.
>
> —ÉXODO 19:11

Este primer nivel, o nivel básico, trata simplemente con el don de profecía. Es un nivel de entrada porque todos podemos profetizar (1 Corintios 14:31). La gente estaba a los pies del monte cuando el Señor apareció. Es desde ahí donde usted comienza a oír a Dios.

Los secretos que Él revela en este nivel no son necesariamente específicos en naturaleza sino generales, y están diseñados para edificar y animar a quienes oyen.

En el capítulo diecinueve de Éxodo, Dios le dijo a Moisés que estableciera límites al pie de la montaña y que Dios les visitaría, y cuando la gente oyó el sonido de Dios, fue en forma de truenos y relámpagos. En otras palabras, no fue algo específico, sino que oyeron al Señor pero de forma incierta.

Después de eso, la gente huyó atemorizada de la presencia y la voz de Dios, y le dijeron a Moisés: "Habla tú con nosotros, y nosotros oiremos; pero no hable Dios con nosotros, para que no muramos" (Éxodo 20:19). Así es como se sienten muchos cuando el Señor quiere hablar: ¡están aterrorizados! Preferirían que algún otro oiga a Dios y les diga cuáles han sido sus palabras concretas por temor de cometer un error si Dios les hablara directamente a ellos. Preferirían oír a Dios en términos generales, donde suena como un sonido atronador y presenta el mismo sonido general para todos los que estén alrededor. No se sienten seguros de oír a Dios en algo que pudiera hacerles estar solos con una palabra específica de Dios.

Está bien comenzar en este nivel. Este nivel de entrada es para tener límites pero, a la vez, nos deja espacio para aprender a lanzarnos. Estos límites significan que hay poco riesgo y no se requiere mucha responsabilidad por lo que oímos. Los límites al pie de la montaña proveen un entorno seguro donde podemos aprender a oír la voz de Dios bajo el cuidado de un buen pastor como Moisés.

2. Nivel de visiones, sueños y liderazgo

> Y subieron Moisés y Aarón, Nadab y Abiú, y setenta de los ancianos de Israel; y vieron al Dios de Israel; y había debajo de sus pies como un embaldosado de zafiro, semejante al cielo cuando está sereno. Mas no extendió su mano sobre los príncipes de los hijos de Israel; y vieron a Dios, y comieron y bebieron.
>
> —ÉXODO 24:9-11

Este es un nivel más alto, donde no son sólo secretos proféticos de exhortación, edificación y consuelo. Este nivel puede incluir visiones y sueños que dan dirección para situaciones específicas. Una persona está lista para subir a este nivel cuando su liderazgo ha demostrado un fruto de servicio y el líder está posicionado para dirigir a otros. Como resultado, Dios puede revelar secretos a un nivel más profundo debido a las capacidades del líder para influenciar a otros.

Sin embargo, las visiones, los sueños y las experiencias sobrenaturales de Dios no están restringidas sólo a quienes están en liderazgo. Cuanto más crecemos en nuestro carácter y nos sometemos a nuestros dones para el Señor y a una buena iglesia y su pastor, más alto ascenderemos en Dios. Samuel era uno de los grandes profetas que existió jamás, pero tuvo que someter su don a la mentoría y el entrenamiento del sacerdote Elí.

El gran apóstol Pablo era un profeta que usó su don fielmente en la iglesia de Antioquia antes de ser enviado a un ministerio más amplio por el Espíritu Santo en Hechos 13. Lo importante aquí es recordar que los secretos más profundos de Dios requieren un buen estilo de vida y una sumisión del ministerio.

3. Nivel de mentoría espiritual

> Y se levantó Moisés con Josué su servidor, y Moisés subió al monte de Dios.
>
> —Éxodo 24:13

Este tercer nivel es cuando usted ha comenzado desde el principio y aprende a oír los secretos de Dios. Además, ha servido fielmente bajo un buen liderazgo, y ahora Dios comienza a prepararle con algún entrenamiento intensivo práctico. Es como una graduación para pasar de doctor a especialista médico. No puede convertirse en un especialista viendo la televisión o tomando un curso por la Internet, sino que debe ponerse bajo la instrucción personal y el entrenamiento de otra persona: un mentor dedicado a darle un entrenamiento personal.

Así, este nivel de mentoría espiritual requiere una relación personal con mentores en su vida que puedan enseñarle y guiarle para ese llamado. Como Josué, que recibió una mentoría de Moisés, esto requiere un desarrollo intensivo para prepararle para ministrar de manera regular. A menudo está relacionado con algún llamado espiritual específico.

4. Nivel cara a cara

> Entonces Moisés subió al monte, y una nube cubrió el monte.
> —ÉXODO 24:15

> Y hablaba Jehová a Moisés cara a cara, como habla cualquiera a su compañero.
> —ÉXODO 33:11

Este es el nivel donde Dios le habla cosas muy específicas cara a cara, cosas que literalmente podrían cambiar el curso de la Historia a gran escala. Note que Moisés, el líder, fue a este lugar solo. Ahora bien, no estoy diciendo que no podamos tener una experiencia con Dios cara a cara como cristianos sin experimentar todos estos niveles. ¡Siempre podemos estar a solas con Dios y oír el corazón de nuestro Padre celestial. No obstante, creo que una relación cara a cara como cristiano es algo muy diferente a la impartición de secretos cara a cara que guía y dirige las vidas de otros, especialmente cuando se trata de grandes grupos de personas.

Es como cuando Juan, el discípulo amado, inclinó su rostro sobre el pecho de Jesús, ¡escuchando su corazón! Jesús era el mentor ministerial de Juan, pero Jesús también era el latido de Dios que Juan oyó tan cercana, específica y profundamente. ¿Podría ser que la experiencia de Juan de inclinarse sobre el pecho de Jesús le ayudara a prepararse para recibir la revelación en la isla de Patmos? Se requiere práctica, mentoría y entrenamiento para oír por otros en este nivel de profecía específica y directa, pero también significa que sabemos cómo encontrarnos con Dios cara a cara, y estamos preparados para ello.

Algunos de los secretos de Dios que usted oye en este nivel puede que sean cosas que no le gustaría oír necesariamente. Puede que tenga que quedarse solo y arriesgarse a hacer el ridículo. En algunos casos, puede que tenga que afrontar una vehemente persecución. Recuerde que el pueblo a menudo quería apedrear a Moisés por decir cosas específicas de parte de Dios, y no todos están llamados a este nivel o no todos pueden soportarlo. Sin embargo, cada uno de nosotros ha recibido un llamado de Dios, y si somos llamados a este nivel, debemos estar donde hayamos sido llamados, y como resultado de ello seremos bendecidos.

Si usted ha sido llamado a este nivel de oír de Dios, pase ratos de intimidad con Dios. Si, como Moisés, está llamado a oír los secretos a un nivel de liderazgo, otros lo confirmarán, y será algo evidente para usted y para los que le rodean.

Le animo a tomar la decisión de pasar a un nuevo nivel de hambre y dedicación por los secretos de Dios. Vivimos en una era en la que necesitamos todos los secretos del Señor, ya sea de forma general o específica, y no deberíamos menospreciar o tratar ninguno de ellos como insignificantes. El mundo necesita saber lo que Dios está diciendo, sea que suene como truenos o tan claro como una campana.

Prepárese para recibir los secretos celestiales de la sala del trono de Dios en su vida. No importa cómo Dios escoja compartir sus secretos con usted, crea que puede recibir sus secretos para cualquier cosa que Él quiera llevar a cabo a través de usted. Si está dispuesto, puede aprender a oír los secretos que Dios quiere darle, y siempre producirá una bendición.

DOS

EL REVELADOR DE SECRETOS HA LLEGADO

Pero hay un Dios en el cielo que revela los misterios.

–Daniel 2:28, NVI

EL REVELADOR DE SECRETOS SIN DUDA HA LLEGADO, Y nos está revelando innumerables secretos hoy día. Debería saber que Dios está interesado en hablarle. Qué desalentador sería si la única voz que escucháramos jamás fuera la de todos los informes negativos, historias y acontecimientos que vemos en la televisión. Tómese el tiempo para aprender cómo oír los secretos del Señor. Si está dispuesto, el Señor usará muchas formas de enseñarle, ¡incluso a veces métodos poco corrientes!

Unos años antes de casarme, comencé a pedirle al Señor el poder oír secretos específicos y palabras de Él. Una noche de octubre, justamente antes de Halloween, acababa de salir del trabajo, y debía reunirme con mi compañero de cuarto para ir a la calle a dar testimonio. Antes de salir, decidí tomarme un tiempo para orar y pedirle al Señor una dirección concreta para nuestro tiempo de testimonio. No hice ninguna oración especial ni adornada, sino una sencilla pidiéndole al Espíritu Santo que nos dirigiese al salir para saber adónde ir y con quién hablar. Lo que ocurrió después esa noche cambiaría mi vida para siempre, ¡y aún me hace reír al pensar en el maravilloso sentido del humor de Dios!

LOS DOS DIABLOS EN LA CALLE E

Durante esa oración, estuve oyendo algunos sonidos extraños en mi espíritu. Al principio vinieron de repente, pero se quedaron conmigo. El Señor tenía que repetirme las palabras varias veces para que yo entendiera la realidad de que Él me estaba hablando. Esto es lo que no dejaba de oír: "Ve a la calle E al otro lado del río. Hay una fiesta con música muy alta. ¡Testifícales!".

Decidí actuar en base a lo que estaba oyendo y le conté a mi compañero lo que estaba oyendo. Él me miró, como riéndose, y dijo: "¡De acuerdo, vamos!". Él era siempre muy osado con las cosas radicales, así que estuvo más que dispuesto a ir.

Con esta sola indicación, salimos sin saber bien qué esperar cuando llegáramos. Conducimos hasta el otro lado del río y nos dirigimos hacia la calle E. Dimos vueltas por el bloque durante cuarenta y cinco minutos más o menos, y no oímos ninguna música alta o fiesta, ni vimos varios autos estacionados frente a alguna casa que nos indicaran que había una fiesta dentro. La calle parecía completamente lo opuesto a lo que oí. "¿Cómo es posible?", pensé. Le pregunté a mi compañero, que estaba conduciendo, si estaba seguro que estábamos en la calle correcta.

Me dijo:

—Seguro, ¿ves el letrero? ¡Estamos en la calle F como dijiste!

—¡Qué!—dije—. Te dije que fuéramos a la calle E, no la calle F.

Así que estábamos en la calle equivocada, buscando que se cumpliera la palabra del Señor. ¡Imagino que prefería estar ahí fuera en la calle equivocada intentando seguir el secreto que oí que no hacer nada! Es así como frecuentemente se encuentran muchas personas: temerosas de intentarlo por si comenten algún error.

Después de reiniciar nuestra posición, llegamos a la calle E y, efectivamente, encontramos exactamente lo que el Señor había dicho, aunque sólo había un problema: ¡Dios nunca nos había dicho qué hacer después! Yo dije: "Oye, ¿Dios? Veo los autos y oigo la música y la fiesta, pero nunca nos dijiste qué hacer después".

¿No suena esto familiar? Uno cree que oye algo del Señor, pero Él no le dice exactamente qué hacer con ello. Con Dios, he aprendido a actuar en base a lo que Él dice, y el resto de la información, por norma general, llegará tarde o temprano.

Ahí estábamos, mirando a la casa y escuchando la música en la calle. "Pues, Señor, si vamos a testificar a estas personas, ¿cómo vamos a entrar en la casa? Quiero decir, no nos invitaron a la fiesta, así que no podemos llamar a la puerta y pedir que nos dejen unirnos."

Entonces, tan sólo unos minutos después, dos tipos vestidos como diablos —literalmente— salieron de la casa. Sus disfraces eran rojos, con largos rabos y cuernos. Recuerde que era Halloween, pero esos dos parecían más ir vestidos para un show cómico que para una fiesta de Halloween. Nos sentamos allí riéndonos histéricamente de sus ridículos disfraces, e inmediatamente quedó claro que estaban ebrios. Antes de hacer el viaje de vuelta a casa, ¡esos dos personajes decidieron usar el lateral de la casa para hacer una rápida parada!

¡Justamente entonces pasamos a la acción! Nos acercamos rápidamente hasta ellos y nos quedamos allí de pie. Al acercarnos, uno de ellos nos miró y soltó un borroso discurso.

—¡Mira, son dos ángeles!

—¡Guau!— dijo el otro, intentando señalarnos sin caerse al suelo, sosteniendo aún su jarra de cerveza—. ¡Ángeles!

Lo siguiente que supimos, ¡es que estábamos siendo escoltados a la fiesta por dos diablos ebrios para testificar de Jesús! Un poco nerviosos, entramos sintiéndonos un poco fuera de lugar, pero justamente entonces, uno de los *diablos* anunció en voz alta que algunos ángeles querían hablarles. ¡Ese diablo estaba profetizando y ni siquiera lo sabía! A menudo pienso que debía haberles dicho que era Gabriel.

Miré alrededor de la habitación, y antes de que pudiera cerrar mi boca, escuché que estaba diciéndoles que parasen la música y la televisión porque tenía algo que decirles; algo bastante atrevido de decir para no ser un verdadero ángel. Entonces, un tipo muy musculoso, en edad universitaria, salió de entre la multitud y nos preguntó qué creíamos que estábamos haciendo. De repente, nuestros amigos diablos siguieron insistiéndoles a todos en que éramos ángeles. Les dijeron a todos que tenían que escuchar porque nos habían enviado del cielo. Claro está, el hombre musculoso, que era también el propietario de la casa, no pensaba que éramos ángeles, y no nos quería allí.

No obstante, para nuestra sorpresa, y para calmar a sus dos amigos que estaban convencidos de que *éramos* ángeles, nos dejó hablar brevemente. Durante unos momentos compartimos del amor de Jesús y testificamos a todo el grupo. Ahora bien, nadie hizo un compromiso ahí mismo con el Señor esa noche que nosotros supiéramos, pero les dimos el evangelio. Creo que un día veremos el fruto de este acontecimiento, pero no hubiera ocurrido sin no me hubiera lanzado en un empeño por oír del Señor.

GENTE COMÚN CON SECRETOS NADA FRECUENTES

Podemos ver, a través de esta historia, cómo una palabra de Dios verdaderamente puede marcar la diferencia en nuestras vidas y en las vidas de otros. Me doy cuenta de que esta historia puede parecer atrevida para algunos, y no siempre tenemos que hacer cosas radicales como esta para oír secretos específicos de Dios. Lo que quiero que vea es que Dios habla cosas específicas con el propósito de bendecir a la gente. No tiene que sentirse particularmente cualificado para oír de Dios tampoco; de hecho, a Dios le encanta usar a gente que es humilde y el menos apropiado para ser un candidato según los estándares humanos.

Mire algunos de los discípulos que escogió el Señor. Al principio eran un material en bruto; sin embargo, volvieron el mundo boca abajo y aprendieron el tesoro de escuchar al Señor y obedecerle. En realidad, el secreto que Dios me dio sobre la "calle E" no fue diferente de la palabra que Ananías recibió en Hechos 9:10-11. Este discípulo era un hombre común y corriente, al que sólo se le menciona de forma breve. No era un gran apóstol y ni siquiera se le alude como profeta, pero Dios le dio un secreto que ayudó a formar la iglesia primitiva.

Mire este hombre común con un secreto nada frecuente:

> "Había entonces en Damasco un discípulo llamado Ananías, a quien el Señor dijo en visión: Ananías. Y él respondió: Heme aquí, Señor. Y el Señor le dijo: Levántate, y ve a la calle que se llama Derecha, y busca en casa de Judas a uno llamado Saulo, de Tarso; porque he aquí, él ora, y ha visto en visión a un varón llamado Ananías, que entra y le pone las manos encima para que recobre la vista".
>
> —HECHOS 9:10-12

Todo lo que Ananías dijo fue: "Aquí estoy Señor". De acuerdo, era un discípulo, un simple cristiano que amaba al Señor, y lo único que hizo fue estar disponible. Su disponibilidad a oír del Señor le ayudó a dirigir al apóstol Pablo en su viaje hacia el ministerio. ¡Gracias a Dios que este discípulo cotidiano estaba escuchando! Esta es la clave: Estuvo disponible para que el Señor le usara. ¿Qué hubiera pasado si hubiera tenido temor a equivocarse? ¿Qué hubiera pasado si hubiera supuesto que Dios escogería a otra persona para hablar?

La forma para empezar a oír es primeramente estar disponible, y luego empezar a tener la expectativa de que Dios le hablará. Si usted lo desea, Él lo hará independientemente de su nivel de valentía o experiencia. Quizá la razón por la que no oímos del revelador de secretos es porque no estamos esperando oír nada. Oírle comienza con escucharle hasta que llegue su voz. No intente tan sólo oír en un principio y luego se vaya diciéndose: "Bueno, imagino que a mí no me habla Dios". ¡No! Si usted tiene la expectativa de oír, verá que Dios está esperando para hablar, que anhela decirle cosas de esta manera, que Él quiere discutir su futuro y los eventos que están por venir, pero usted tiene que creer que le hablará sobre todo esto. No, no siempre otra persona, sino usted.

En Daniel 2:29 vemos cómo Dios reveló sus secretos al rey: "Estando tú, oh rey, en tu cama, te vinieron pensamientos por saber lo que había de ser en lo por venir; y el que revela los misterios te mostró lo que ha de ser". Algunos creyentes piensan que Dios les está reteniendo secretos por alguna extraña y divina razón, y eso es lo que la religión a menudo nos ha llevado a creer, con lo cual, en vez de ir a Dios para encontrar respuestas, la gente acude a los videntes y lee los horóscopos para encontrar sus respuestas.

Muchos cristianos están intentando averiguar acerca de lo que Dios puede estar diciendo. Y claro, hay cosas que Dios ocultará de usted porque Él sabe que no está listo para manejarlas, pero en medio de esto, habrá muchas cosas que Él tiene que decir sobre su situación o la situación de otra persona.

Dios tiene muchos pensamientos sobre usted y la gente con la que se relaciona. Él asegura: "Porque yo sé los pensamientos que tengo acerca de vosotros, dice Jehová, pensamientos de paz, y no de mal, para daros el fin que esperáis" (Jeremías 29:11). El Señor tiene muchas cosas que revelar, y tan sólo necesita a gente que esté disponible y se lance.

Claro, puede que haya momentos en los que parezca una tontería lanzarse y probar lo que está oyendo, pero, como me ocurrió en mi experiencia con la "calle E", ¿qué daño me haría conducir hasta allí? ¡Gloria a Dios que lo hicimos! No siempre es cómodo cuando Dios revela algo, pero de nuevo, el Señor nunca dijo que lo fuera.

Si aún duda de que Dios pueda hablarle específicamente, permítame darle algunos versículos más que reiteran este punto. Dios tiene muchos secretos que contar porque el Revelador de secretos ha llegado:

El revela lo profundo y lo escondido; conoce lo que está en tinieblas, y con él mora la luz.

—DANIEL 2:22

Pero hay un Dios en los cielos, el cual revela los misterios.

—DANIEL 2:28

Y el que revela los misterios te mostró lo que ha de ser.

—DANIEL 2:29

El gran Dios ha mostrado al rey lo que ha de acontecer en lo por venir.

—DANIEL 2:45

Porque no hará nada Jehová el Señor, sin que revele su secreto a sus siervos los profetas.

—AMÓS 3:7

Él... anuncia al hombre su pensamiento.

—AMÓS 4:13

La comunión íntima de Jehová es con los que le temen.

—SALMO 25:14

Mas su comunión íntima es con los justos.

—PROVERBIOS 3:32

Mis ovejas oyen mi voz, y yo las conozco, y me siguen.

—JUAN 10:27

Esto no suena a un Dios que no hable. Si queremos oírle, tenemos que escuchar y creerlo, y luego, prepárese: ¡los secretos vendrán a su encuentro!

¿DÓNDE ESTÁS?

En el principio, Adán tuvo el privilegio de oír la voz de Dios. Caminaba con Dios en la frescura del día y tenía conversaciones con el revelador de secretos: Dios mismo. Cuando Adán pecó, su comunicación con Dios se interrumpió. De hecho, Adán no sólo dejó de hablar con el Señor, sino que también se escondió de Él (Génesis 3:8-9). ¿Por qué cree que lo hizo? Claro, la culpa de su pecado era la razón principal, pero yo también creo que Adán comenzó a sentir que Dios ya no quería hablar con él como antes lo había hecho.

Sin embargo, Dios todavía buscaba a Adán, y le preguntó: "¿Dónde estás?" Adán ya no podía estar en el mismo lugar, listo para comunicarse con el Señor, debido a su fracaso.

Puede que piense que usted es como Adán, que ha hecho tantas cosas mal que ya no puede oír más del Señor. Pero eso no es cierto del todo. El pecado puede interrumpir su relación con Dios y hacer que su voz sea difícil de oír, pero Dios no deja de intentar hablarle sólo porque haya cometido un error.

Note que el Señor todavía llama a Adán, y quería hablarle incluso después de haber pecado. Aún más, considere el ejemplo del hijo de Adán: Caín. Él acababa de matar a su hermano Abel, y, sin embargo, el Señor fue a hablar con él sobre el asunto. Dios seguirá esforzándose por hablarle aun cuando haya metido la pata, pero lo más importante que tiene que recordar es responderle y arrepentirse de cualquier cosa que haya hecho mal. Esto le devolverá su relación con Él. El pecado habitual y el rechazo del arrepentimiento o vivir justamente al final le distanciará de Dios; sin embargo, no suponga que como cometió un error o tiene áreas en su vida donde está trabajando para corregir las cosas que Dios ha dejado de hablarle o le ha abandonado. Siga corriendo hacia Dios, y escuche su voz.

Si ha cometido errores, ha recaído o ha fracasado miserablemente, arréglelo y regrese a Dios. Cuanto más busque agradarle y andar en sus caminos, más le hablará Él. Levántese, y mantenga su corazón tierno y limpio. Después, mientras persigue un estilo de vida correcto, posiciónese para oír. Adán cometió un error al no posicionarse para oír al Señor, y en su lugar huyó y se escondió. Si sigue conectado a Dios diariamente, Él no tendrá que preguntarle continuamente: "¿Dónde estás?", como lo hizo con Adán.

Me acuerdo de una vez cuando mi esposa, Brenda, y yo estábamos ministrando en el extranjero en una conferencia. En el hotel, nuestro teléfono sonaba constantemente, y cada vez que respondíamos, la persona al otro lado de la línea decía algo en otro idioma. Así estuvo toda la noche sin descanso. Cada vez que levantaba el teléfono para responder, alguien hablaba en otro idioma que yo no entendía. Más tarde descubrí por nuestro intérprete que las llamadas eran de prostitutas. El intérprete nos dijo que hacen negocio llamando a las habitaciones del hotel, así que decidí que la siguiente noche cuando entraran las llamadas, estaría listo con una confrontación. Como no podía hablar ni una palabra en su idioma, lo único que pude hace fue orar en el Espíritu por el teléfono. El teléfono sonó, y me puse a orar en lenguas en voz alta en el oído de la persona que llamaba, y luego colgué el teléfono de un golpe. Le dije a mi mujer lo ungido que me sentía cuando oraba mientras estaba al teléfono.

No bromeo si le digo que tuvimos un silencio absoluto durante días, mientras el resto de nuestro equipo se quejaba de esas llamadas. Sentí una unción tan grande por lo que había hecho para detener mis llamadas, ¡que se lo conté a los demás y les sugerí que hicieran lo mismo! No obstante, cuando nos preparamos para salir del hotel, me sorprendió descubrir que mi momento de poder espiritual tenía una simple explicación: cuando colgué el teléfono de golpe, ¡no lo dejé bien colgado! No había línea —conexión— después de aquello. ¡Estoy seguro de que me entenderá si le digo que mi mujer no se emocionó nada cuando se dio cuenta de que nuestros hijos no habían podido llamarnos a la habitación durante días!

¿Sabe que eso es exactamente lo que hacemos con nuestro

caminar con Dios? En nuestros momentos de desánimo y frustración, desconectamos sin darnos cuenta. Ya no estamos en posición de recibir su voz, así que Él nos mira y pregunta: "¿Dónde estás?". Como el teléfono en la habitación de ese hotel, somos nosotros los que desconectamos cuando Dios está callado y nos parece que no habla, y debido a la frustración, la ira y otras razones, cortamos su voz aunque Él nos quiera hablar.

Necesitamos una comunión constante y una conexión continua con Dios para oírle y posicionarnos para una visita celestial. Nos ponemos en posición a través de la oración diaria y la lectura, viviendo rectamente y manteniendo viva la conversación con Él a lo largo del día. Él no debería preguntarnos: "¿Dónde estás?". Si queremos oír sus secretos, tenemos que estar en posición para oír.

¿Alguna vez se ha preguntado cómo el apóstol Pablo pudo saber y escribir sobre los acontecimientos que ocurrían en las iglesias mientras estaba en prisión? Había gente que le visitaba mientras estaba en prisión, pero creo que él también sabía lo que Dios estaba haciendo porque el espíritu de sabiduría y revelación estaba en comunicación con él diariamente. Él nos prometió esto en Efesios 1:15-17:

> Por esta causa también yo, habiendo oído de vuestra fe en el Señor Jesús, y de vuestro amor para con todos los santos, no ceso de dar gracias por vosotros, haciendo memoria de vosotros en mis oraciones, para que el Dios de nuestro Señor Jesucristo, el Padre de gloria, os dé espíritu de sabiduría y de revelación en el conocimiento de él.

El Espíritu Santo le dio sabiduría y revelación a Pablo porque él estaba constantemente conectado a Dios, incluso en medio de esa horrible situación en prisión.

Hay otra pista importante ante el hecho de cómo Pablo estaba conectado a Dios en 1 Corintios 14:18: "Doy gracias a Dios que hablo en lenguas más que todos vosotros". Este es un principio clave que también funcionará en su vida a pesar de lo que esté afrontando o lo terribles que estén las cosas. Pablo hizo de orar en lenguas un hábito, ¡y estoy convencido de que debió de haber orado en lenguas mientras estaba en la prisión!

Cuando somos llenos o bautizados con el Espíritu Santo, recibimos un pozo de poder en nuestro interior. Jesús dijo: "El que cree en mí, como dice la Escritura, de su interior correrán ríos de agua viva. Esto dijo del Espíritu que habían de recibir los que creyesen en él; pues aún no había venido el Espíritu Santo, porque Jesús no había sido aún glorificado" (Juan 7:38-39). Cada vez que Pablo oraba en lenguas en prisión, conectaba con el río de agua viva o poder en su interior.

Una de las maneras en que sintonizamos con este pozo lleno de poder y obtenemos acceso a los secretos del cielo es a través de orar en el Espíritu. No hay duda de que Pablo sintonizó con los secretos celestiales desde su celda orando en el Espíritu. Durante esos momentos de oración en lenguas, estoy seguro de que se le revelaron muchas cosas sobre las situaciones que le rodeaban y los que estaban en las iglesias.

Podemos ver este principio mejor en el primer milagro de Jesús. En Juan 2, Jesús convirtió el agua en vino tras decirles que llenaran seis tinajas de agua. Note que llenaron las seis tinajas según les dijo Jesús, y luego Él les dijo que hicieran algo más. Les dijo que sacaran algo de agua (Juan 2:8), ¡y cuando lo hicieron, descubrieron que el agua se había convertido en vino!

¿No es eso lo que ocurrió en el día de Pentecostés? Los que se habían reunido en el Aposento Alto estaban llenos con el agua del Espíritu, pero cuando sacaron un poco al orar en lenguas, ¡salió en vino nuevo! De hecho, muchos de los que estaban por allí pensaron que estaban borrachos.

Efesios 6:18 nos dice que seamos llenos el Espíritu. ¿Por qué? Porque en el Espíritu es donde se encuentran los secretos del cielo. Una de las instrucciones de Pablo a la iglesia fue: "Por lo cual, el que habla en lengua extraña, pida en oración poder interpretarla"

(1 Corintios 14:13). Tenemos que orar para poder interpretar nuestras lenguas. Esto no quiere decir que cada vez que ore en lenguas necesite una interpretación. Usted necesita una interpretación cuando esté en un servicio público donde Dios esté dando un mensaje en lenguas para la congregación. Eso no es lo mismo que orar en lenguas en su relación íntima con Dios. ¿Podría ser que mientras Pablo oraba en lenguas desde su celda, también tenía momentos en los que interpretaba esas lenguas? De esa manera estaba sacando del pozo del Espíritu que tenía dentro.

Usted también puede sacar los secretos del cielo de su interior en su espíritu, y eso le capacita para estar conectado al Señor. Cuanto más ore en el Espíritu, más acceso tiene a los susurros de los secretos del cielo. Está conectado al cielo, ¡y la revelación de la sala del trono está disponible para usted!

Me he dado cuenta en mi propia vida y ministerio que cuanto más oro en el Espíritu, más oigo del Señor. De hecho, cuanto más oro en el Espíritu y saco de mi hombre interior, más específica es la palabra del Señor. Me gusta orar en el Espíritu siempre que puedo. Cada día oro calladamente mientras pasa el día, estando conectado al cielo.

Años antes de entrar en el ministerio, hubo un día en que recibí un secreto de la sala del trono mientras trabajaba en una estación de servicio. Había estado orando en el Espíritu calladamente ese día, sin que fuera algo visible y mientras trabajaba. Después de todo, me estaban pagando y eso es lo que debía hacer. Mientras reponía las estanterías, un cliente paró para llenar su auto con gasolina del surtidor de autoservicio. Cuando el cliente se acercó para pagar la gasolina y comencé a registrar la venta, oí un susurro del Espíritu Santo en mi corazón.

"Dile que le amo y que en tiempos me sirvió pero que ahora está huyendo de mí. Dile que sé que está herido por la muerte de un familiar. Sé que está pasando por un mal momento." ¡Fue increíble! Antes de poder detenerme a pensarlo, le repetí al cliente lo que acababa de oír.

En cuestión de segundos, los ojos del cliente se llenaron de lágrimas, y dijo: "Lo que acaba de decir es cierto".

¡Mi jefe incluso sugirió que saliera de la habitación y orase con el hombre! Gracias a Dios, la persona volvió a dedicar su vida al Señor ese día. Yo no estaba planeando ministrar a ese extraño o compartir un secreto profético, pero Dios pudo arreglarlo porque yo estuve sacando del pozo de mi interior durante todo el día.

Me gusta lo que dijo el gran hombre de Dios Smith Wigglesworth, cuando le preguntaron durante cuánto tiempo oraba. La gente quería saberlo por los milagros tan profundos que tenía en su ministerio, así que él respondió a la pregunta: "No suelo pasar más de media hora orando de seguido, pero nunca dejo que pase más de media hora sin orar"[1].

Podemos seguir este ejemplo. Podemos mantener un estilo de vida de oración y ver la recompensa de Dios comunicándose con nosotros y a través de nosotros todo el día. Quizá usted no ha sido lleno con el Espíritu Santo o no habla en lenguas todavía. Quiero invitarle a ir al final de este libro para más indicaciones. Si ha sido bautizado en el Espíritu Santo y habla en otras lenguas, quiero animarle a aumentar la cantidad de tiempo que ora en su lenguaje celestial. Verá la diferencia si persevera en ello.

Siga el ánimo del apóstol Pablo a orar para poder interpretar lo que dice cuando habla en el Espíritu. Una de las mejores formas de hacerlo es escribiendo los pensamientos y palabras que oye cuando habla en el Espíritu. Otra forma es comenzar a hablar en su idioma nativo las palabras que oiga en su corazón mientras ora en el Espíritu. ¡Se sorprenderá de las cosas buenas que salen! Lo más importante es estar conectado, llenarse con su lenguaje celestial y estar listo para que le vengan los susurros de Dios.

Progresar en las cosas secretas

He descubierto que aprender a recibir los susurros de Dios es una experiencia progresiva. Sabemos que la Escritura nos dice que vamos de gloria en gloria y de fe en fe. Así es como ocurre en lo profético. Nos lanzamos y lo intentamos poco a poco hasta que un fluir genuino de los secretos de Dios comienza a venir a nuestra vida. Cada uno de nosotros debe progresar en el oír los secretos de Dios. Romanos 12:3, 6, nos dice: "Conforme a la medida de fe que Dios repartió a cada uno...teniendo diferentes dones, según la gracia que nos es dada, si el de profecía, úsese conforme a la medida de la fe". Note que se nos dice que profeticemos según la medida de fe que hayamos recibido. Cada uno de nosotros tiene una medida de fe para hablar los secretos de Dios, y depende de nosotros desarrollar esa fe y hacerla madurar y crecer en nuestra vida.

Mire el ejemplo de José. Él comenzó con un sueño que recibió para *él mismo*, y luego, más tarde en su vida, comenzó a interpretar sueños para *otros*. El Señor en verdad le había dado a ese joven un don que más tarde desarrollaría en más profundidad y con más responsabilidad. José se convirtió en la mano derecha de faraón, con responsabilidades sobre todo Egipto. En Génesis 41:46, aprendemos que "llamó Faraón el nombre de José, Zafnat-panea". Eso significa y muestra que faraón reconoció la habilidad de José para interpretar sueños, porque en copto, ese nombre significa "un revelador de secretos o el hombre al cual los secretos le son revelados".[2]

Note cómo José progresó a la hora de oír los secretos celestiales.

- Primero recibió un sueño para él mismo de su futuro (Génesis 37).

- Luego comenzó a interpretar sueños para otros ministrando al panadero y al copero mientras estaba en prisión (Génesis 40).

- Finalmente, progresó en sus habilidades proféticas que finalmente le llevaron ante el mismo faraón (Génesis 41).

Sepa que puede que al principio obtenga sólo una pequeña frase o imagen, o no oiga, vea o sienta absolutamente nada. La clave es que esto se vaya edificando en su vida a medida que se lanza en fe. Recuerdo que antes de aprender a oír de Dios, yo tenía sueños pero a menudo no sabía lo que significaban. Fue más adelante cuando me di cuenta de que Dios me estaba hablando a través de sueños. A veces, aprender a oír de Dios es simple, algo como que el Señor pone el nombre de una persona en su corazón, quizá alguien en la que no ha pensado durante algún tiempo. Dios puede hacer que sienta llamar a alguien. Estas maneras aparentemente insignificantes pueden desarrollar su progresión de aprender a recibir secretos de Dios.

Cuando reconozca que está comenzando a oír cosas de Dios, busque a alguien digno de su confianza para contrastar las cosas. Una buena iglesia, pastor y otros creyentes maduros son algo útil y necesario. Pregúnteles lo que piensan sobre las cosas que están oyendo y lo que debería usted hacer con las cosas que oye.

Cuando era un cristiano muy joven, una chica que conocía tuvo un accidente de tráfico muy serio que le dejó en coma. Aunque oré sobre esto en mi tiempo con el Señor, nunca sentí nada específico. Entonces una noche tuve un sueño donde esa chica se despertaba de su coma antes del domingo de Semana Santa. Me desperté pensando: "¿Acabo de soñar esto?". En ese tiempo, no asistía a una buena iglesia y no conocía a ningún creyente que pudiera darme comentarios, así que lo compartí con unos pocos amigos no creyentes que se rieron de mí y me persiguieron, parecido a como la gente lo hizo con José. Me dijeron que Dios no hablaba hoy y que mi sueño no era del Señor. Es importante tener cuidado con quién comparte sus sueños. No tiene que compartir todo lo que cree que ha oído de Dios.

Pero el sueño era de Dios, ¡y la chica se despertó justo antes de Semana Santa! Sin embargo, incluso eso no convenció a esas personas de que Dios habla hoy. Ellos creyeron que fue pura coincidencia, y lo único que consiguió que lo compartiera fue crear conflicto.

Tenemos que ser cautos con la gente con la que lo compartimos, porque compartir puede hacer que las cosas empeoren para usted, aun cuando lo que oiga sea certero. ¿No es eso lo que le ocurrió a José? Él compartió su sueño con sus hermanos y le vendieron como esclavo. No todo el mundo está listo para oír o manejar lo que usted está oyendo. ¡Obviamente, los hermanos de José no pudieron manejarlo! Quizá las cosas hubieran sido distintas para José si no lo hubiera compartido con ellos.

Por eso es necesario y vital para progresar en las cosas de Dios que desarrolle su don bajo un buen pastor que crea y apoye las cosas del Espíritu Santo. Ellos podrán ayudarle a aprender las maneras y protocolos proféticos adecuados que le darán longevidad a su don.

Su progreso al oír los secretos de Dios también requiere que desarrolle sabiduría. Cuando oiga de Dios, debe saber qué hacer con lo que ha oído. A veces, Dios quiere que comparta con otros lo que le ha dicho. Otras veces, debe guardar silencio hasta el lugar correcto y el tiempo correcto para compartirlo.

Aunque tenga una palabra específica para compartir, puede que el entorno no sea el indicado para compartirla. Cuando estoy ministrando con una palabra de Dios públicamente, he tenido que aprender a usar la sabiduría y los modos con la persona a quien estoy ministrando. Nunca exponer, avergonzar o abrir el corazón de otra persona en público, ya sea que esté tratando con un pecado o no. Para la mayoría, los asuntos de la gente deben ser personales.

Cuando estoy ministrando en público, si Dios me está pidiendo que comparta algo correctivo o muy personal con una persona, normalmente apago el micrófono y ministro a la persona en privado. En algunos casos espero hasta que se termina el servicio. ¿Le gustaría que todos supieran sus cosas? Según he crecido en Dios, he llegado a comprender que la represión en público se debería reservar para los casos más severos o como último recurso, como cuando se llama a alguien a la salvación o a la restauración espiritual. Debemos ser honorables cuando compartimos la palabra del Señor.

Cuanto más progrese oyendo y recibiendo información sensible del Señor, más sabiduría necesitará para saber cómo responder y manejar lo que recibe.

Recuerdo una vez en debería haber tenido más sabiduría mientras ministraba a un hombre en un servicio donde yo estaba hablando. Le dije a ese hombre que había sido llamado al pastorado, e incluso le di a entender que Dios quería añadirle al equipo pastoral de esa iglesia. El pastor me confirmó después que sí estaba considerando a este hombre para el equipo de la iglesia; sin embargo, aún no tenía paz en cuanto al momento de esta transición y estaba esperando oír más específicamente de Dios.

La palabra que oí era la correcta, pero no fue sabio compartirla públicamente. Como resultado de esta palabra de Dios, el hombre se impacientó y le entró un orgullo terrible, e intentó usurpar la autoridad del pastor principal para que le pusieran en el equipo. Debí haber compartido primero esta palabra en privado con el pastor, y mi decisión de compartirla públicamente puso al pastor en una situación muy difícil enfrente de su iglesia, especialmente cuando todos habían presenciado el mal comportamiento que este hombre tuvo después. Finalmente dejó la iglesia ofendido, y nunca cumplió lo que el Señor había previsto para él.

Otro ejemplo de profetizar con falta de sabiduría ocurrió en una reunión en una iglesia local donde un ministro que estaba de visita le profetizó al pastor y a su esposa que debían tener otro bebé. Sin embargo, esta pareja ya tenía hijos y no sentían que debían tener más, incluso después de este evento y más oración personal.

Durante un largo periodo de tiempo, la gente de la iglesia le estuvo dando la lata a esta pareja para que cumplieran la profecía con otro niño, dándoles un mensaje sutil de que o bien la pareja pastoral estaba ignorando la palabra o el mensajero se equivocó. Hubiera sido mucho más justo para el ministro haber compartido este tipo de información personal en privado para evitar poner a estos pastores en evidencia pública, abriendo su vida privada para que todos la juzgaran y les dieran sus opiniones.

Algunas palabras de Dios son para compartirlas en privado. Es importante manejar los dones proféticos con sabiduría y claridad. Lo profético ha sido muy malentendido y atacado en nuestros días, y usando la sabiduría, los modos y un buen protocolo, podemos preservar este gran don.

Podemos aprender cómo progresar al oír los secretos de Dios tanto con precisión como con sabiduría de la vida de uno de mis personajes favoritos de la Biblia: Moisés. Cuando oyó la voz de Dios hablándole desde la zarza ardiente, ¡se sorprendió! En ese momento estaba en las etapas iniciales de oír a Dios, y al igual que nosotros, Moisés tuvo que progresar en su escucha de los secretos de Dios y cómo manejarlos adecuadamente. Podemos ver esta progresión en los siguientes ejemplos:

- *Pasó tiempo como pastor.* Tuvo que desarrollar un corazón sincero por las ovejas. Esto nos habla de desarrollar un corazón para el pueblo de Dios. Él tuvo que aprender cosas de ambas perspectivas: respeto por el pastor y respeto por las ovejas.

- *Trabajó para su suegro.* Esto se asemeja a servir en la iglesia local. Aprendemos a servir y trabajar para otros en el redil de nuestro Padre celestial. El apóstol Pablo sirvió en la iglesia local de Antioquia antes de ser encomendado como apóstol (Hechos 13:1).

- *Estuvo escondido en la parte posterior del desierto.* No estuvo visible en ninguna forma de ministerio público durante esos cuarenta largos años. No estaba bajo el foco o en una posición elevada, como lo estaría más tarde en Egipto. Su orgullo estaba siendo crucificado y la grandeza estaba siendo desarrollada en él.

- *Le dijeron que se quitara sus sandalias.* Esta era una señal de respeto hacia un superior. Estaba aprendiendo la importancia de la sumisión y de honrar a la debida autoridad. Hoy día muchas personas nunca son prosperadas de forma debida porque no aprenden sobre la autoridad espiritual y el protocolo para lo profético.

NO MÁS EXCUSAS

Por supuesto, habrá veces en que incluso los oyentes más experimentados de los secretos de Dios quieran poner excusas del porqué no están cualificados para ciertas tareas que el Señor les da. Algunas personas sólo quieren que otros oigan los secretos de Dios y no quieren hacer lo que se necesita para progresar y crecer en los secretos de Dios. Moisés nos sirve muy bien como ejemplo para aprender en esta área. No sólo era muy necesario para Moisés estar bien preparado, entrenado y equipado para llevar la preciosa palabra del Señor, sino que también necesitaba ser liberado de todas las razones que oía en su interior que se resistían. Enumeradas abajo, encontrará las excusas que Moisés le puso al Señor por las que no sentía que podía proclamar los secretos de Dios. Parecen las mismas excusas que le damos al Señor por las que no podemos oírle o por las que fallamos a la hora de progresar en nuestro camino por estar adecuadamente cualificados como vasos para llevar sus secretos al mundo.

"¿Quién soy yo?"—Éxodo 3:11

Durante un tiempo, Moisés vivió en la casa del faraón como miembro de la familia real en Egipto. Ahora se había convertido en un pastor, y no se sentía cualificado o confiado en sí mismo. Así es exactamente como nos podemos sentir cuando intentamos oír de Dios. Pensamos que no estamos cualificados, nuestra autoestima es baja, tememos al rechazo y nos falta confianza, todo lo cual puede obstaculizarnos a la hora de lanzarnos en los secretos de Dios.

¿Cuál es la respuesta a la mentalidad de "quién soy yo"? Dios le respondió a Moisés de la misma forma que nos está respondiendo a todos nosotros: "Yo estaré contigo" (Éxodo 3:12). En otras palabras, Dios le ayudará, ¡y usted podrá hacerlo! Pero tendrá de dejar de pensar que no está cualificado, ¡porque el que Dios esté a su lado le cualifica automáticamente! Con la ayuda de Dios, puede hablar sus secretos; tan sólo necesita confiar en Dios y estar dispuesto a aprender. "Todo lo puedo en Cristo que me fortalece" (Filipenses 4:13).

"¿Qué les responderé?"–Éxodo 3:13

Quizá Moisés no estaba tan preocupado por lo que diría como lo estaba acerca de cómo otros percibirían sus palabras. Quizá tenía temor de su propia reputación y no quería que sus palabras parecieran sin sentido. Puede que temiera el no poder responder a las preguntas de sus adversarios, y su preocupación por su reputación le hizo dejar que el temor le hablara sobre ser usado por Dios.

El apóstol Pablo le dijo a su hijo espiritual Timoteo que no tuviera temor de los dones que Dios le había dado, y le dijo que *avivara* su don. "Por lo cual te aconsejo que avives el fuego del don de Dios que está en ti por la imposición de mis manos. Porque no nos ha dado Dios espíritu de cobardía, sino de poder, de amor y de dominio propio" (2 Timoteo 1:6-7). Dios nos ha dado la capacidad de oír su voz y compartir sus secretos, y no debemos permitir que el temor nos hable. ¡Debemos avivarla!

Es algo parecido a hacer Kool-Aid. Si pone azúcar y Kool-Aid en el vaso de agua pero no lo remueve, los ingredientes se posan en el fondo y no sabrá bien. De igual forma, removemos nuestro don orando en el Espíritu y lanzándonos a profetizar la palabra del Señor. Mire la respuesta de Dios a Moisés en Éxodo 3:14: "Y dijo: Así dirás...". Dios estaba diciendo: "No tienes nada que temer. Yo te estoy diciendo que te lances, Moisés, ¡y hables!". Deberíamos animarnos a lanzarnos y hablar, y no tener miedo de nuestra reputación.

"He aquí que ellos no me creerán"–Éxodo 4:1

Moisés estaba diciendo: "Dios, ¿qué ocurre si no me escuchan?". Yo me he sentido así en ocasiones. Uno se lanza con lo que cree que es de Dios, pero alguien intenta desanimarle y resistirle. Sin embargo, en Éxodo 4, Dios demostró tres veces que Él estaba con Moisés, lo cual sirvió como señal para sus oyentes:

1. *La vara* (versículos 2-5). La vara de Moisés se convirtió en una serpiente y se tragó a la serpiente del enemigo. Esto habla de la autoridad que tenemos sobre el diablo como creyentes en Jesucristo. Tenemos un poder sobrenatural —el poder de Dios— sobre el enemigo. Cuando usted hable los secretos de Dios, Él le respaldará con poder mientras habla.

2. *La mano de Moisés estaba leprosa* (versículos 6-8). La lepra nos habla de pecado o del pecador. Llevamos secretos que hablan específicamente al corazón del pecador. Están hechos a la medida como una señal que abrirá sus corazones para convertirles. Cuando sus corazones son cambiados, servirá como prueba del poder de Dios en usted.

3. *El agua se convirtió en sangre* (versículo 9). El agua y la sangre van juntas (1 Juan 5:8). Moisés fue instruido a que tomara agua del río y la pusiera sobre tierra seca, donde se convertiría en sangre. Esta parte habla de la palabra de Dios dentro de nosotros. O también puede ser el agua de la Palabra escrita de Dios (Efesios 5:26), o el *rema*, que es la palabra hablada de Dios que nos es dada por su Espíritu. Tenemos la autoridad de tomar esta palabra del río del Espíritu por nuestro pacto de sangre en Jesucristo. La gente recibirá la

prueba de su ministerio porque usted va con la verdad del evangelio, que es poder de Dios para salvación.

"Soy tardo en el habla y torpe de lengua"—Éxodo 4:10

Moisés, como nosotros, comenzó a mirar sus faltas e inaptitudes. Solemos decir cosas como: "No soy bueno en esto", "A mí Dios no me habla así", y "No sé cómo oír de Él, y además no soy un buen orador". Recuerdo la primera vez que tuve que hablar públicamente. Estaba en octavo grado haciendo un discurso. Todos podían ver las enormes manchas de sudor en mi camiseta que llegaban hasta la cintura. Estaba temblando mientras leía mi discurso. Una profesora incluso llegó a decirme de broma (no creo que lo hiciera para herirme) que no era un gran orador, ¡y me sugirió que no buscara hablar en público! Hoy día Dios, con su sentido del humor, ¡nos ha llamado a mi esposa y a mí a estar en pie ante multitudes de miles y predicar! Yo podía haber dicho: "Olvídalo, esto no se me da bien". ¡Dios sólo quiere una voz disponible y dispuesta! ¿Podrá usarle a usted?

"Envía, te ruego, por medio del que debes hablar"—Éxodo 4:13

¡Ahora llega el momento de la verdad para Moisés! Esta era la verdadera razón, por encima de todas las demás excusas: ¡no quería hacerlo! Quería que otro lo hiciera. "Que otro asuma la responsabilidad; ¡yo no la quiero!". Creemos que otro puede hacerlo mejor, o quizá no queremos tener que lidiar con ello. Afróntelo: conlleva mucho trabajo crecer en algo que no ha hecho antes. Tenemos que decidir que estamos dispuestos a progresar en los secretos de Dios y crecer en cualquier forma en que Él quiera usarnos.

Quizá sienta que estas excusas describen bastante bien su propia situación. Quizá sienta que no es nada fácil crecer en los secretos de Dios y madurar hasta el punto en que Dios pueda confiarle la responsabilidad de sus secretos. Quizá preferiría mejor que otra persona le transmita la palabra del Señor. No deje que eso sea así; deje que la grandeza de su interior salga, y decida que oír los secretos de Dios no es algo difícil. Claro que es algo progresivo, pero cada vez que lo haga, será más fácil. Se sorprenderá de las cosas tan precisas que oirá de Dios. Mantenga su espíritu lleno de su Palabra, y ore en el Espíritu a menudo. De repente, verá que está entrando en el pozo de los secretos de Dios para usted y para otros. Sí, usted ha nacido para aprender a oír los secretos de Dios.

TRES

REQUISITOS PARA LA PROFECÍA DE LOS POSTREROS DÍAS

*Dios, habiendo hablado muchas veces y de muchas
maneras en otro tiempo a los padres por los profetas,
en estos postreros días nos ha hablado por el Hijo.*

—Hebreos 1:1-2

"**V**E Y DILE A LA PAREJA DE LA MESA DEL FINAL DEL restaurante que quiero hablarles."

"¿Qué?", pensé mientras seguía comiendo, disfrutando simplemente de una cita con mi esposa. Alcé la vista para ver si mi esposa se daba cuenta de mi agitación. Había identificado a la pareja sobre la que creía que el Señor me estaba hablando, pero no estaba listo para obedecer. Razonaba en mi mente dos factores importantes: primero, estaba en una cita con mi esposa, así que no estaba mentalizado para ministrar a nadie, y segundo, esas personas eran unos desconocidos.

He descubierto que ministrar en lo profético es como una radio. A veces disfrutas el sonido, otras veces tienes que sintonizarla, y luego hay veces en que la tienes que apagar, ¡especialmente cuando estás en una cita con tu esposa! No estoy diciendo que haya que apagar la voz del Señor; estoy diciendo que hay veces en que necesitamos apagar el "modo profético". En este caso, yo no estaba en el modo profético, y además, esas personas también parecían estar en una cita, así que pensé que no querrían que les molestasen.

Así que seguí comiendo, pero cuanto más comía, más incómodo me sentía. Ese susurro en mi corazón no me dejaba. Tenía la esperanza de que la pareja se fuera, así no tendría que hablarles, ¡y mejor aún, quizá no estaba oyendo a Dios, después de todo! Mi esposa y yo estábamos casi listos para irnos, y allí estaba la pareja sentada, todavía hablando. ¿Debía ignorar este secreto que oí o seguirlo? Mi esposa y yo nos acercamos a esos desconocidos sentados en la mesa.

Como no me conocían, y normalmente no me acerco a la gente que no conozco con este tipo de palabra profética, me presenté e intenté ser extra amable. Después dije con mucha amabilidad: "Creo que he oído al Señor diciéndome que ustedes dos estaban discutiendo si tendrían hijos o no, y Dios quiere que les diga que Él proveerá, y todo estará bien".

Para mi sorpresa, la pareja de la mesa fue más que hospitalaria. Creo que se abrieron con nosotros porque fuimos amables, breves y no les intimidamos. Descubrimos que también eran cristianos. De no habernos recibido tan bien, hubiéramos cortado y nos hubiéramos despedido; sin embargo, nos invitaron a quedarnos, y pudimos seguir ministrándoles. Es importante observar el lenguaje corporal de la gente en una situación como esta. Si ellos se hubieran mostrado distantes e insensibles, sería una indicación para terminar educadamente la conversación. Esa pareja quería hablar, ¡e incluso terminamos ayudándoles a recibir el bautismo del Espíritu Santo fuera del restaurante, en su auto! Pudimos estar en contacto con ellos durante varios años y tuvieron un niño. Dios usó esa situación para tocar sus vidas, pero no se hubiera producido si mi esposa y yo no hubiéramos modelado dos cosas: un ejemplo bueno y ordenado de Jesús y buenos modos y métodos a la hora de ministrarles.

De nuevo, normalmente nunca me acerco a alguien que no conozco y hablo sobre su planificación familiar, pero este fue uno de esos casos en que no podía quitarme la palabra de mi corazón. Cuando no está en mis planes ministrar a alguien y la situación me saca de mi zona cómoda, ¡normalmente sé que es el Señor! En los casos en los que me lanzo y ministro a un perfecto desconocido, siempre intento primero conectar con él a través de una conversación básica y nada amenazante que me pueda llevar a compartir lo que Dios pueda estar diciendo.

JESÚS HABLA A TRAVÉS DE NOSOTROS

Según el pasaje de Hebreos 1:1-2, *Jesús* es el que habla hoy al mundo. ¿Cómo lo hace? Obviamente, la respuesta es a través de nosotros; no obstante, sólo seremos capaces de hablar con eficacia para Él cuando nuestras vidas sean presentadas en orden y nuestros métodos sean bíblicos y adecuados. Tenemos que aprender los métodos de Dios para que la gente nos oiga. Esto requiere flexibilidad y una disposición a quitar el enfoque de nosotros mismos. Se debe a que Dios le pedirá que haga cosas que puede que no sean muy cómodas para usted o quizá no sea su método de ministrar preferido. Él le pedirá que haga cosas que le humillarán y probarán sus motivos.

Por ejemplo, cuando Jesús sanó al ciego, en un caso lo hizo imponiendo sus manos y declarando su palabra. En otro caso, cuando ministraba a un ciego, puso saliva en los ojos del hombre. ¡Mejor que esté seguro de estar oyendo a Dios cuando tenga que escupirle a la gente!

En general, diferentes circunstancias requieren diferentes métodos, y los métodos de Dios le requerirán que ponga a un lado su orgullo. Estas son algunas preguntas que puede hacerse que le ayudarán a revisar sus métodos y decidir si está actuando como un portavoz de Jesús maduro y adecuado:

1. *¿Puede esperar la palabra o se necesita ahora mismo?*
   Esperar en la palabra le da tiempo de examinar su corazón, escuchar a Dios más intencionadamente

y asegurarse de que sus motivos, la palabra y el tiempo son correctos. De esta manera puede asegurarse de que es Jesús el que quiere decir algo, y no usted. A veces puede que entienda que no tiene que compartir la palabra de Dios, ya que Dios tan sólo quería que orase al respecto.

2. *¿Cómo me estoy representando?* Sea honesto consigo mismo. A menudo, cuando se trata de lo profético, la gente es muy extraña. No pueden actuar como seres humanos normales, y asustan a la gente. Creen que profetizar les da licencia para ser dramáticos, raros, rudos y con derecho a interrumpir. A veces incluso pierden su conducta de caballero o dama. Me gustaría animarle a dar una segunda mirada a su aspecto social. Cosas como la ropa desaliñada, mal aliento y hablar a gritos pueden desconectar de usted a la gente. No sé como ser más enfático en este asunto.

3. *¿Qué método quiere el Señor que use?* La profecía no hay que compartirla con el típico método de "Así dice el Señor...". Como la pareja de la mesa, puede ser a través de una conversación normal. En otros casos, puede ser una invitación a orar (y cuando digo orar, quiero decir sólo orar, no oración con la intención de profetizar). ¿Sabe que puede orar proféticamente sin dar la *clásica* profecía? Puede orar cosas como: "Señor, bendice su casa, y ayúdales a pagar todas sus facturas. Prospérales en sus finanzas", en vez de: "Dios dice que sus finanzas serán bendecidas y su casa será pagada". ¿Ve la diferencia? Encuentre el método que Dios quiere que use en cada circunstancia, y le ayudará a ser certero y no caer en el orgullo.

Cuando la gente establece sus propios métodos, normalmente acaban haciendo más daño que bien y dañan las cosas proféticas de Dios. Es importante ser guiado por el Espíritu Santo y estar abierto a oír su voz, pero la clave del éxito es enfocarse en Jesús. Asegúrese que es Él a quien están oyendo, porque Dios quiere hablar a través de su Hijo en los postreros tiempos. Sí, Él usa a gente, pero es a Jesús a quien queremos que oigan y vean.

Debemos representar a Jesús con humildad y buenos modos. Hay una disciplina y un proceso de madurez para recibir la palabra del Señor, aferrarse a ella y compartirla sólo en el lugar y el momento adecuados.

Una vez compartí una palabra muy específica en una iglesia y estaba muy emocionado de hablar lo que oí. Tras compartir la palabra y volver a mi habitación del hotel esa noche, sabía que algo no estaba bien. Podía sentir que el Señor no estaba muy contento conmigo. Busqué a Dios intentando encontrar una explicación de lo que estaba sintiendo, y me di cuenta de que había compartido la palabra correcta en el lugar y el momento incorrectos.

Le aseguro que oír de Dios es un proceso de aprendizaje. Puede que haya dolores cada vez más fuertes, pero Él es un buen Padre celestial, ¡y su Espíritu es un gran maestro! Dele tiempo al Señor para que le enseñe, aprenda a hablar cuando Él quiera que hable, no sólo cuando usted esté con ganas de encontrar algún lugar para ministrar. Demasiadas personas sienten la necesidad de precipitar su deseo de hablar una palabra profética. Relájese. Si Dios tiene algo que decir a través de usted, Él proveerá la plataforma adecuada en el momento exacto. Es cuando no estoy buscándolo o cuando no quiero compartir algo cuando normalmente llega la palabra de Dios.

Quiero animarle a simplemente seguir siendo un ejemplo diario normal del carácter y amor de Jesús. Esté sintonizado a la voz del Espíritu Santo, y deje que Dios abra puertas para que usted le ministre. Luego, cuando las puertas se le abran, salga y pruebe lo que ha estado oyendo. ¡No hay de nada malo en probar! Una vez oí a un hombre decir: "¡Jesús nunca reprendió a sus discípulos por probar!".

Siempre es sabio empezar pequeño y probar lo que está oyendo. Comience haciendo una pregunta o teniendo una pequeña charla. Eso es exactamente lo que Jesús hizo en Juan 4:16 con la mujer en el pozo. Él comenzó manteniendo una conversación sobre el agua con ella *antes* de decirle que fuera a llamar a su marido. Sin lugar a duda, el Señor sabía cuál iba a ser su respuesta, pero usó este método amable para no avergonzarla.

Si Jesús hubiera sido como muchas personas proféticas modernas, o incluso algunos ministros, se hubiera asegurado de estar tratándola ante la congregación para que la poderosa unción pudiera ser vista por todos. Luego le hubiera dicho directamente que se había divorciado cinco veces ¡y que ahora estaba viviendo con un hombre! No me gusta cuando la gente es avergonzada delante de los demás por una profecía. Estoy convencido de que algunas personas hacen este tipo de cosas hoy día porque quieren llamar la atención hacia su unción profética. Avergonzar en público puede hacer que a la gente le cueste mucho más oír y recibir la palabra de Dios, aun cuando la palabra sea certera.

Jesús era un caballero, y le habló en privado y de una manera indirecta que le hizo más fácil a la mujer recibirlo. No fue hasta que ella se abrió sobre su vida que Él comenzó a ser más directo. Él le permitió abrir la puerta a los secretos antes de compartirlos todos. De hecho, Jesús ni siquiera le mencionó que Él era un profeta, y fue ella la que lo dijo (Juan 4:19). Jesús tan sólo se acercó a ella con modales y amor, y eso cambió su vida.

El hombre y su mensaje

Tenemos que recordarnos constantemente que toda la profecía viene a través de Jesucristo. Para hablar proféticamente, Dios usa gente profética y profetas. Decir que no necesitamos profetas o profecías hoy en día sería como decir que no necesitamos pastores, maestros o evangelistas. Los profetas aún son parte del fundamento de la iglesia, y Jesús dio estos dones como su método para proclamar sus palabras. No, los profetas no son esos individuos raros que usted ve en las noticias que dirigen cultos, se casan con varias mujeres ¡y llevan túnicas divertidas! Sencillamente son portavoces, hombres y mujeres ordenados para compartir el corazón de Jesús en medio de cualquier situación dada. La Escritura nos dice esto:

- Los apóstoles y los profetas están puestos en la iglesia para hablar por el Señor (1 Corintios 12:28).

- El Señor habla a través de los cinco ministerios de apóstoles, profetas, evangelistas, pastores y maestros para equipar a la iglesia (Efesios 4:11).

- Él habla a través de cristianos que oyen sus palabras (Juan 8:47).

- Él habla a través de cristianos que le oyen y le siguen (Juan 10:27).

Deshacerse de los profetas y la profecía sería deshacerse de la importancia de lo que la profecía hace cuando se ministra adecuadamente. Según 1 Corintios 14:3, es con el propósito de edificar, exhortar y consolar. Los secretos proféticos han de ser una bendición. Apocalipsis 19:10 dice: "El testimonio de Jesús es el espíritu de la profecía", y Apocalipsis 1:2 dice que Juan "ha dado testimonio de la palabra de Dios, y del testimonio de Jesucristo, y de todas las cosas que ha visto". En términos llanos, ¡la profecía es cualquier cosa que Jesús quiera decir! Cuando el enfoque se pone en Jesús y en lo que Él quiere decir (su Palabra), el resultado es que somos edificados y consolados. No puede tener una buena profecía cuando Jesús y su majestad no sean el enfoque. El testimonio de Jesús (lo que Él quiere decir) y el espíritu de la profecía van juntos. ¡Recibir lo profético es recibir a Jesús! Rechazar la profecía bíblica y a los profetas es rechazar a Jesús.

Es triste que hoy día algunos rehúsen el maravilloso privilegio de este don de gracia, el cual puede impactar las vidas de la gente y testificar de Jesús. Quieren encontrar todo tipo de faltas, o bien en los profetas o en las palabras proféticas.

Sin embargo, para que la profecía sea una bendición, el testimonio o las palabras de Jesús deberían estar en cada secreto profético. Debería testificar de su Palabra y su carácter y darle honor y gloria a Él, y no al que expresa la palabra. ¡Siempre que profeticemos, ésta debe estar en consonancia con la Biblia y darle honor al Señor Jesús! Excluir uno o ambos es separar dos ingredientes esenciales que hacen que la palabra profética sea efectiva.

El testimonio de Jesús y el espíritu de la profecía son similares al aceite de la unción. El aceite de la unción del Antiguo Testamento requería unas especias específicas para hacerlo correctamente. No podía descartarse ninguno. La profecía y el testimonio de Jesús son lo mismo, no se puede tener el uno sin el otro. Si tiene el testimonio de Jesús en su vida, significa que no sólo tiene las palabras de Jesús, sino también su carácter, su amor, sus métodos y todo lo que le representa. A su vez, cuando tiene el testimonio de Jesús obrando a través de su vida, ¡no puede evitar posicionarse para profetizar y dar testimonio de Él!

En otras palabras, ¡el hombre y su mensaje deben ser lo mismo! Un buen carácter, unción, integridad, moral, honor, humildad y honestidad, por nombrar unos pocos puntos, deben ser lo que usted es y parte del mensaje que da. Cuando tiene estos ingredientes —como los ingredientes del aceite de la unción—, la gente puede recibir mejor su mensaje porque el aroma será agradable. Olerá y se sentirá *bien*.

Pero la profecía *sin* los ingredientes correctos que dan testimonio de Jesús no es algo honorable. El mensaje y quien lo da deben alinearse correctamente o, de lo contrario, no es el testimonio de Jesucristo o el verdadero espíritu de la profecía.

Note lo que dice en Eclesiastés 10:1: "Las moscas muertas hacen heder y dar mal olor al perfume del perfumista". Las moscas pueden ser cosas como la carne, la religión, mentalidades, formas religiosas, manipulación, falta de honestidad, desorden, malos modos y rudeza, por nombrar algunos. Cuando tratamos de mezclar estas cosas con el poder de Dios, impide que la gente nos reciba y que sean bendecidos con nuestro mensaje, porque los ingredientes han sido profanados.

Mire lo que el profeta Ezequiel tuvo que hacer para asegurar que él, el hombre y su mensaje fueran lo mismo: "Me dijo: Hijo de hombre, come lo que hallas [en este libro]; come este rollo, y ve y habla a la casa de Israel" (Ezequiel 3:1). Él tuvo que *comer* las palabras que le fueron dadas en el rollo. Las palabras del rollo eran su mensaje o su *profecía.* Literalmente, las palabras tuvieron que ser parte de su persona; tenían que ser lo mismo.

Aprendemos en el primer capítulo de Ezequiel que la palabra del Señor y las visiones celestiales llegaron en el trigésimo año de su vida. Bíblicamente, treinta estaba considerado como la edad de la madurez para un hombre. José y el rey David tenían treinta años cuando comenzaron a reinar, y Jesús tenía treinta años cuando comenzó su ministerio. Para que el profeta Ezequiel pudiera dar un testimonio adecuado a sus palabras, tuvo que vivirlas y actuar como un hombre de Dios maduro.

Hace años, antes de estar en el ministerio, visité una iglesia donde vi de primera mano lo que ocurre cuando el hombre y su mensaje son dos cosas diferentes. Sólo había unas veinte personas congregadas en esa pequeña iglesia. El pastor les dijo a todos que tenía una profecía de parte del Señor, y era que veinte personas tenían que dar cien dólares en la ofrenda. Yo sabía que no podía referirse a mí, porque era joven y soltero y llevaba sólo unos diez dólares encima. ¡De ninguna manera podía tener cien dólares!

Las otras diecinueve personas comenzaron a correr hacia la canasta de la ofrenda al frente, poniendo su sobre con la ofrenda en él. Yo fui el único que se quedó sentado en su sitio. Entonces, el pastor pidió que todos cerrasen sus ojos porque todavía había una persona más que tenía que obedecer a la palabra profética. Todos cerraron sus ojos menos yo. Me encanta dar y no necesito ni siquiera que el pastor me anime a hacerlo, pero en mi corazón sentía que algo no estaba bien.

El pastor hizo una oración en voz alta, pidiendo a Dios que cumpliera su palabra profética y perdonara al desobediente. Yo sabía que se estaba refiriendo a mí. Alcé la mirada y sorprendí al pastor abriendo sus ojos para ver si yo estaba escuchando y obedeciendo. Rápidamente cerró sus ojos, sabiendo que yo le había visto, y volvió a gritar: "Hay veinte personas que tienen que dar cien dólares, y diecinueve han obedecido al Señor. ¡Uno aún tiene que dar!". ¿Puede creerlo? Le estoy diciendo la verdad; me levanté y educadamente comencé a irme, lo cual causó que el pastor gritara aún más y me *profetizara*. Más tarde me enteré por algunas personas que conocían al pastor que las otras diecinueve personas congregadas eran amigos cercanos o familiares. Gracias a Dios que fui lo suficientemente inteligente para saber que esa no era una profecía de parte de Dios. ¡Esos sobres probablemente estaban vacíos!

Yo apruebo que Dios hable una palabra que invite a la gente a dar una cierta cantidad si se hace correctamente con el testimonio de Jesús tras ello, pero eso estaba fuera de orden. Claro que he estado en servicios donde el Espíritu de Dios se movió con poder sobre la gente para dar; sin embargo, esa no fue una palabra correcta, y el espíritu de profecía era falso. Fue dada con compulsión, engaño y manipulación. ¡Ningún testimonio de la Palabra de Jesús o carácter acompañó a la profecía de ese pastor!

Este tipo de conducta desordenada sólo obstaculiza las cosas proféticas de Dios, y hiere el corazón del Señor.

Incluso con toda la rareza y error de lo profético, necesitamos la profecía y los secretos de Dios más que nunca. ¡Él que haya algunos que abusen de la preciosa palabra del Señor no debería detenernos de buscarlo! La gente está hambrienta de los verdaderos secretos de Dios porque el mundo es muy oscuro. De hecho, tenemos que aumentar de muchas maneras la palabra profética porque existen muchos lugares con una hambruna espiritual. Amós 8:11 dice:

> "He aquí vienen días, dice Jehová el Señor,
> en los cuales enviaré hambre a la tierra,
> no hambre de pan,
> ni sed de agua,
> sino de oír la palabra de Jehová".

LA SITUACIÓN DEL HOMBRE Y LOS SECRETOS DE DIOS

Revisemos la situación del mundo y por qué necesitamos llevar palabras precisas y certeras de Dios. Le hará tener hambre no sólo de llevar los secretos de Dios sino también de hacer lo que sea necesario para desarrollar sus métodos y su protocolo para lo profético.

Mire Génesis 1:2: "Y la tierra estaba desordenada y vacía, y las tinieblas estaban sobre la faz del abismo, y el Espíritu de Dios se movía sobre la faz de las aguas". Esta situación literal de la tierra es también un cuadro profético de la situación del hombre a lo largo de la historia. La tierra estaba desordenada, vacía y oscura. Esto se parece mucho al mundo actual, donde la gente está oscura, desordenada y vacía. ¿Cuál es la respuesta para su situación? Necesitan los secretos proféticos.

Note lo siguiente que ocurre en Génesis 1: Dios habló, refiriéndose a la situación de la tierra diciendo algo. Él dijo: "Sea la luz" (versículo 3). Dios respondió a la situación con una profecía que produjo luz, y eso es exactamente lo que hace la profecía: arrojar luz o traer revelación a las necesidades desesperadas de la humanidad. Da sentido a las vidas que no tienen sentido. Están vacías y desordenadas o sin propósito, y un buen ejemplo de esto lo podemos encontrar en el libro de Job.

"Determinarás asimismo una cosa,
Y te será firme,
Y sobre tus caminos resplandecerá luz."
—Job 22:28

Las palabras proféticas de Dios traerán luz a su oscuridad. El decreto profético de luz de Dios se puede comparar a recibir revelación de conocimiento. Cuando la gente recibe una revelación, una idea o una respuesta, a menudo dicen: "Veo la luz", o "Se encendió una luz en mi cabeza". La profecía o los secretos proféticos, cuando se hablan, arrojan luz sobre quienes están en oscuridad en una o en varias áreas.

En 1 Corintios 14:3 leemos que la profecía logra tres cosas: edifica, exhorta y consuela. Veamos estas tres cosas en comparación con la situación del hombre que ya comparamos con la condición de la tierra en el comienzo de la Creación. Muchas personas hoy andan vacías, oscuras y desordenadas. Quiero mostrarle que la profecía es la respuesta para la situación del hombre:

1. *La profecía edifica a los que llevan vidas desordenadas.* La profecía le fortalecerá. Cuando lleguen los susurros de Dios a través de la profecía, construirán o edificarán a aquellos cuyas vidas parezcan no tener rumbo. De repente, una persona que no tenía propósito obtiene una mayor confianza para lograr algo positivo. Eso es lo que significa ser edificado; le fortalece y le da esperanza.

2. *La profecía exhorta a los que están en la oscuridad.* La profecía exhorta o da dirección. Le dará nuevas ideas sobre lo que hacer. Vierte luz y nueva revelación sobre su situación. La exhortación es una directiva, una estrategia, y es más fácil salir de la oscuridad cuando sabe lo que hacer y dónde ir.

3. *La profecía consuela a los que llevan vidas vacías.* La profecía trae consuelo al llenar su vacío. Una vida vacía es una vida sin sentido o satisfacción, está vacía. Los secretos proféticos consuelan a la gente. Yo lo comparo a un gran plato de espagueti, ¡que para mí es la comida que más consuela! Después de comerlos, uno ya no se siente vacío, sino lleno y satisfecho. Eso es lo que hace la profecía: le hace sentirse lleno espiritualmente.

Cuando usted profetiza correctamente, está ayudando a cambiar la situación de la sociedad y de la humanidad, porque está capacitando a los que se sientan en la oscuridad a que vean la gran luz del amor de Dios (Mateo 4:16). La profecía permite que los oyentes sepan lo mucho que Dios les ama, y revela lo mucho que Él quiere edificarles, animarles y consolarles. Dios dijo que lo que creó era bueno (Génesis 1:31). Cuando Dios vierte luz profética, crea algo hermoso en su vida y en las vidas de otros que necesitan desesperadamente conocer a ese Dios que todavía habla hoy.

La estación "esto es lo dicho"

Quizá esté pensando que no tiene usted los modales indicados, las habilidades sociales o el entrenamiento para ser usado poderosamente para Dios. Permítame recordarle que cualquiera puede aprender los modales y los métodos para hablar de parte de Dios. Recuerde que estamos en lo que me gusta llamar una estación de "esto es lo dicho". ¿Qué significa esto? Cuando la gente en Hechos comenzó a experimentar el mover del Espíritu Santo, Pedro citó las palabras del profeta Joel: "Esto es lo dicho" (Hechos 2:16). ¿De qué estaba hablando Pedro? Él siguió diciendo: "Y vuestros hijos y vuestras hijas profetizarán; vuestros jóvenes verán visiones, y vuestros ancianos soñarán sueños; y de cierto sobre mis siervos y sobre mis siervas en aquellos días derramaré de mi Espíritu, y profetizarán" (versículos 17-18). ¿Harán qué? ¡Profetizar! ¡Todavía vivimos en un tiempo "esto es lo dicho"! Vivimos en un tiempo donde el pueblo de Dios debería profetizar, debería estar ocurriendo más ahora que entonces.

Podemos ver en estos versículos que realmente no hay límites de edad ni requisitos de género para los que profetizan; incluye mujeres, niños, ancianos y jóvenes. Yo creo que Dios tiene tanto que decir que necesita un amplio rango de vasos que hablen por Él. Estamos en una estación donde Dios está usando a mucha gente de todas las esferas sociales como sus portavoces. No se sienta excluido, aunque piense que todavía no está suficientemente preparado para ser usado de esta forma. Si usted es joven, anciano, hombre o mujer, Hechos 2:16-18 es para usted, y le cualifica para convertirse en un portavoz del Señor bien entrenado.

Piense en ello; el Señor habló a niños y por medio de niños en la Biblia, y un ejemplo de ello lo encontramos en el niño Samuel que oyó al Señor que le hablaba tres veces en una ocasión. El joven José tenía tan sólo diecisiete años cuando vinieron a él los secretos del Señor en un sueño.

Hace años, un adolescente me dio una palabra muy poderosa cuando yo estaba buscando una casa de alquiler. Me dijo: "El Señor quiere bendecirle con algo mejor que lo que usted está buscando". Después de oírlo, aumentó mi fe y encontré la mejor casa que había para alquilar en ese entonces. En la Escritura, profetizaron tanto ancianos como ancianas. Ana, una profetisa que habló para Dios, había estado esperando en el templo día y noche para ver el cumplimiento de la palabra con respecto al Mesías.

Creo que Pedro estaba preparándonos para un tiempo en el que habría un aumento de las profecías, causando una gran aceleración de la voz de Dios, hablando al hombre en los postreros días. Quizá, como el Señor sabía que la situación de la humanidad se oscurecería, necesitaba aumentar su voz a la humanidad. Creo que Dios nos está haciendo entender a quién está pensando usar: ¡a todos nosotros!

Realmente creo que Dios está reservando lo mejor que tiene para el final. Siempre he pensado que cuando el Espíritu Santo descendió el día de Pentecostés como un viento recio y poderoso, ¡fue porque tenía prisa! Tenía prisa por vivir en nosotros; Dios estaba muy emocionado de llenar y hablar a través de su pueblo nacido de nuevo porque podría volver a ser literalmente como lo era en el huerto de Edén. Dios tenía una comunión espiritual con Adán, y eso es lo que tenemos con la morada del Espíritu Santo en nosotros. Lo que solía suceder en el huerto está volviendo a ocurrir. Dios creó lo mejor en el huerto, y ahora, en estos postreros tiempos proféticos, está restaurando lo mejor de Él. "¿Qué es lo que fue? Lo mismo que será. ¿Qué es lo que ha sido hecho? Lo mismo que se hará; y nada hay nuevo debajo del sol" (Eclesiastés 1:9). No sólo podemos esperar que Dios nos hable como lo hizo con Adán en el huerto, sino que también podemos esperar que vuelva a pasar lo que ocurrió en Pentecostés, y será incluso mejor de lo que fue. Dios siempre termina de manera más poderosa de lo que empieza, y créame, ¡Él sabía cómo superar un comienzo poderoso!

En la historia del primer milagro de Jesús transformando el agua en vino, la gente dijo que guardó el mejor vino para el final (Juan 2:10). Puedo asegurarle que Jesús está reservando el mejor derramamiento del Espíritu Santo para el final. El nivel de profecías que oímos y hablamos hoy va a ser más frecuente y poderoso que el día en que Pedro se levantó para hablar.

Al Espíritu Santo a menudo se le asemeja a una paloma. Cantar de los cantares 2:12 dice: "Y en nuestro país se ha oído la voz de la tórtola". La santa paloma de Dios, su Espíritu Santo, ha sido derramado y está siendo oído a través de usted y yo. En Génesis 8, Noé envió una paloma desde el arca tres veces después del diluvio, y eso era un cuadro profético del Antiguo Testamento del Espíritu Santo y su obra en la tierra hoy en día.

- *La paloma no encuentra dónde reposar.* En los versículos 8-9, la paloma es enviada desde el arca y regresa tras no encontrar dónde reposar. Esto nos habla proféticamente de los días del Antiguo Testamento, donde el Espíritu Santo vino y habló sólo a través de unos pocos. También revela la condición del hombre sin la morada del Espíritu Santo. El Espíritu está buscando un lugar para reposar, un lugar en el que morar en corazones humanos.

- *La paloma regresó con una rama de olivo.* En los versículos 10-11, la paloma es enviada de nuevo, y esta vez regresa con una ramita de olivo. Esto nos habla del ministerio de Jesús, que fue lleno con el Espíritu Santo. Jesús es la rama de olivo, y la paloma descansó primero sobre Jesús antes de reposar en nosotros. Es porque el testimonio de Jesús y la profecía trabajan juntos. Jesús es primero y debe ser el centro de nuestras profecías.

- *La paloma no regresa porque encuentra un lugar donde reposar.* En el versículo 12, la paloma es enviada de nuevo por última vez y no regresó hasta el tiempo del ministerio de Jesús. Esto nos lleva al momento en que Pedro habló en el día de Pentecostés: ¡la estación de "esto es lo dicho"! El Espíritu de Dios ahora quiere venir y encontrar un lugar de reposo en su vida para hablarle y compartir sus secretos con usted. Él quiere que sea entrenado y capacitado por Él para hablar y ayudar a otros que estén viviendo en oscuridad, para que a través de la palabra profética del Señor puedan ver una gran luz.

¿Qué significa para nosotros esta estación profética? ¡Significa que tenemos que estar preparados! Tenemos que prepararnos para hablar por Dios, porque Él está hablando hoy día por medio de su Espíritu, y si nos tomamos el tiempo de oír y permitirle enseñarnos los métodos apropiados, podemos tener la confianza de que hablaremos bien en su favor.

SIGNIFICADOS SECRETOS PARA ALCANZAR A LA GENTE

Algunas personas sugieren hoy que no deberíamos tener reuniones en las iglesias donde se permita que el Espíritu Santo se mueva en poder y con sus dones. Dicen que los dones espirituales o la manifestación del Espíritu Santo puede asustar a los visitantes. Esos mismos líderes están construyendo sus iglesias sin el poder de Dios y de su Espíritu, y esto es lo opuesto a lo que encontramos en el día de Pentecostés. ¡Ahí encontramos el poder del Espíritu Santo y muchos visitantes! Multitudes oyeron en ese día. ¿Sabe que la Biblia dice que compartir los secretos de Dios con la unción del Espíritu Santo puede ser una gran forma de alcanzar a los visitantes? No necesitamos evitar la maravillosa persona del Espíritu Santo y disculparnos por Él. La Escritura nos dice que la profecía tiene que estar en nuestras iglesias y que es una estupenda forma de alcanzar a los perdidos.

> "Si, pues, toda la iglesia se reúne en un solo lugar, y todos hablan en lenguas, y entran indoctos o incrédulos, ¿no dirán que estáis locos? Pero si todos profetizan, y entra algún incrédulo o indocto, por todos es convencido, por todos es juzgado; lo oculto de su corazón se hace manifiesto; y así, postrándose sobre el rostro, adorará a Dios, declarando que verdaderamente Dios está entre vosotros."
>
> —1 CORINTIOS 14:23-25

Mi esposa y yo supervisamos una iglesia llena del Espíritu, ordenada, bíblica y sólida. El Espíritu Santo es nuestro invitado en cada servicio, y queremos oírle hablar a través del don de profecía o de cualquier don del Espíritu que Él escoja. Creemos en permitir que el Espíritu Santo se mueva a través de la congregación y de nosotros según el orden y los métodos bíblicos, porque necesitamos su voz en los postreros tiempos. Cuando la gente es enseñada y entrenada para funcionar correctamente con las cosas de Dios, usted puede permitir que el Espíritu Santo se mueva, y la gente siempre será bendecida. En este entorno, tendrá grandes resultados, y las vidas de las personas serán bendecidas. Necesitamos esto en la estación y tiempo en el que vivimos.

Muchas iglesias se han ido en la otra dirección, pero yo quiero ver iglesias que fluyen con un aumento de los dones del Espíritu. Sí, se puede hacer con el entrenamiento y el protocolo adecuados, pero eso no ocurrirá si contristamos la voz del Espíritu Santo. En vez de acallar su deseo de hablar más a menudo, la clave es proporcionar un entorno que le permita hablar con orden y los modos y métodos adecuados, "pero hágase todo decentemente y con orden" (1 Corintios 14:40).

Contrario a la reciente opinión popular, lo profético puede ser una de las herramientas más poderosas para alcanzar a los perdidos y visitantes en nuestras iglesias. Dios usó lo profético para alcanzar a un visitante en nuestra iglesia una vez durante la dedicación de unos bebés donde los visitantes y familiares se encontraban allí, y se supone que todo debía ser bonito y adaptado a ellos. Es era el momento de tener cuidado para no asustar a nadie, ¿verdad? ¡Falso! Comencé a orar por los niños que estaban siendo dedicados, pero cuando miré a la audiencia, a través de una visión espiritual vi una palabra —suicidio— escrita sobre la cabeza de una mujer que estaba de visita en la reunión ese día. Tan pronto como lo dije, gritó y lloró y cayó al suelo. La palabra profética del Señor dada a un visitante puede que haya salvado su vida. ¿Qué tal si yo hubiera intentado ser tan religiosamente perpendicular que no dejase que el Espíritu Santo compartiera lo que estaba en su corazón? ¡Se podía haber perdido una vida!

Las multitudes seguían a Jesús por el poder de Dios que había sobre su vida, no porque escondiera el poder de Dios de ellos. Hay una diferencia entre un *ministerio raro* y la *unción poderosa*. Como unos pocos han sido raros, casi hemos eliminado el poder legítimo en la etapa en que Dios más quiere hablar. Imagine lo que podría ocurrir si comenzáramos a usar los métodos y las formas apropiadas para permitir que el Espíritu Santo opere hoy.

En otro incidente, el secreto del Señor testificó de Jesús y su Espíritu. Una pareja visitó una reunión en nuestra iglesia, y la joven nunca había estado en una iglesia llena del Espíritu. Al principio pensaba que éramos raros; era algo diferente para ella, y no se daba cuenta de que estaba siendo atraída por la unción del Espíritu Santo. Quería irse porque el ambiente no era como el de la seca y muerta iglesia a la que raramente asistió durante toda su vida, pero se quedó porque sintió que algo le estaba atrayendo. Oí un nombre dentro de mi corazón de forma tranquila pero firme, así que le hice una pregunta: "¿Conoce usted alguien que se llame Stacey*?".

Ella me miró impactada y dijo: "¡Ese es mi nombre!". Como no quería avergonzar a nadie, le dije en privado lo que el Señor me estaba hablando y seguí ministrando muchas más cosas a esa pareja, las cuales me dijeron después que nadie podría haberlas sabido.

Ambos dijeron que las cosas que profeticé tenían que ser de Dios. Les mostré los versículos que revelan que Dios habla, y la palabra profética que Dios habló a través de mí para esa pareja fue, sin duda, una señal para esos no creyentes.

Sé que hay algunos que no representan bien a Jesús y abusan de los dones espirituales y de lo profético; no obstante, no tengamos miedo y descartemos o desacreditemos lo real simplemente porque haya algunos que abusen de las cosas de Dios. Lo profético y los dones espirituales son del Señor, y deberían ser usados para atraer a muchas personas al Señor.

He tenido experiencias en que, o bien el mensajero o el mensaje

---

* No es su verdadero nombre.

era incorrecto cuando alguien intentó ministrarme. Se puede encontrar algún tipo de abuso en casi todas las cosas de la vida si es eso de lo que usted está pendiente. El diablo usa los abusos espirituales para mantener a la gente alejada de las bendiciones y beneficios de lo legítimo. Por eso estoy tan agradecido de tener un gran pastor y padre espiritual, el cual me ayuda a dividir correctamente las palabras que me son dadas. Pero he tenido muchas experiencias maravillosas donde lo real y genuino ha sido una tremenda bendición para mi vida.

Como en el día de Pentecostés, a menudo cuando el Señor comienza a mostrarse, la gente reacciona de la misma forma que lo hizo cuando Pedro se encontraba en el Aposento Alto. Cuando Pedro se puso en pie para explicar lo que estaba ocurriendo, la Biblia dice que algunos comenzaron a mofarse de la manifestación del Espíritu Santo mientras otros decían: "¿Qué es esto?". Siempre habrá algunos que se burlarán de las cosas de Dios, mientras que otros las recibirán. No deje que los mofadores le detengan de ser un portavoz para Él en un día donde se necesitan tanto sus palabras. Mientras sus métodos estén en orden, permita que el Espíritu Santo hable.

Una vez estaba en una iglesia donde una mujer que no sabía cantar muy bien (en mi opinión) estaba usando el método de cantar la palabra del Señor a la gente de la congregación. Debo admitir que batallé con eso y no me gustó. Pasé un mal rato escuchando a esa mujer cantar, porque su voz no era buena. Creo que incluso los perros estaban aullando detrás de la iglesia. Sin embargo, su canto no era lo esencial, porque a decir verdad, sus métodos estaban en orden. De hecho, cantó una palabra muy precisa para mi vida. Lo gracioso fue que después de cantarme esta palabra, me dejó de importar su estilo de cantar y ministrar. Me di cuenta después que había sido religiosamente crítico sólo porque nunca antes había visto o experimentado una cosa así.

En 1 Corintios 12, que habla de los nueve dones del Espíritu, la

Biblia nos dice que habrá diferencias en la administración y manifestación de los dones, pero todos son del mismo Espíritu. Sólo porque no nos guste o nunca lo hayamos visto o experimentado no significa que no sea de Dios, ¡o que no esté en orden! El orden está representado si la expresión de un don mantiene a Jesús como el enfoque y está siendo sensible al Espíritu. El mundo necesita desesperadamente la Palabra del Señor en esta hora. Si trabajamos nuestros modos y métodos en las cosas proféticas de Dios y estamos dispuestos a dejar que Dios hable a través de nosotros, podemos estar seguros de que Dios tocará la vida de alguien que esté perdido en la oscuridad.

Déjese guiar por su Espíritu Santo, y esté dispuesto a operar en las cosas proféticas legítimas del Espíritu. Busque ser un ejemplo del Señor en palabra y obra, y deje que Dios hable a través de usted en estos postreros días donde necesitamos su voz más que nunca.

CUATRO

LECCIONES PARA OÍR
LOS SECRETOS DE DIOS

El oído que oye, y el ojo que ve,
Ambas cosas igualmente ha hecho Jehová.

—Proverbios 20:12

¡P-A-G-A-D-O! ME OÍ DELETREAR CADA LETRA DE esta palabra mientras aparecían en una visión espiritual. Una a una vi aparecer las letras por la pared de una iglesia de habla hispana en la que estaba ministrando. Dije cada letra y esperé a que el traductor dijera lo que estaba viendo.

Yo no hablo español con fluidez, y en ese tiempo sabía mucho menos de lo que sé ahora. Definitivamente, no sabía lo que significaba *pagado*, así que estaba muy inseguro de lo que estaba viendo y deletreando porque nunca había oído esa palabra. Tan pronto como el traductor terminó de repetir lo que estaba diciendo, todos en la multitud saltaron, lloraron y alabaron a Dios. Yo me quedé ahí de pie intentando entender lo que vi en la visión y por qué estaban todos gritando, así que le pregunté al traductor: "¿Qué ocurre, y por qué están tan emocionados?".

El traductor comenzó a explicar lo que ocurría. "Están emocionados porque acabas de deletrear en español la palabra ¡*pagado*, *paid* en inglés! Estamos creyendo que nuestra iglesia se construirá libre de deuda, ¡y costará millones hacerlo!"

Yo me gocé con ellos y agradecí al Señor que les hubiera dado una señal. El pastor me dijo después que estaba esperando que el Señor le diera una palabra de confirmación sobre el proyecto de la construcción, y le había pedido al Señor que le confirmara si debían construir la iglesia sin deuda. Él tomó este secreto revelado como una palabra de confirmación del cielo y pagó un edificio de millones de dólares en efectivo, sin deuda alguna.

La palabra que vi es sólo una manera en la que Dios se comunica. Dios nos ha diseñado para oír a través del "oído" y el "ojo" según Proverbios 20:12. En otras palabras, Él tiene muchas formas de comunicarse. Este versículo no está hablando sólo de los oídos y los ojos naturales, sino también de los oídos y ojos espirituales; por eso Jesús a menudo dijo: "El que tiene oído, oiga lo que el Espíritu dice" (Apocalipsis 2:29). Todos aquellos a los que Dios estaba hablando tenían oídos, pero Él estaba hablando a sus oídos espirituales, diciéndoles que necesitaban oír las cosas secretas del Espíritu.

TRES FORMAS EN LAS QUE LLEGA UN SECRETO

Durante todo este libro hemos visto que Dios desea hablar y que aún sigue hablando. Creo que a estas alturas usted ya debe estar deseoso de oír de Dios.

Cuando Dios revela un secreto, puede venir de maneras muy prácticas a través de circunstancias o eventos naturales. Él también habla de formas espirituales a través de cosas como visiones, sueños e impresiones espirituales y un testimonio interno del Espíritu Santo. A veces, Dios también puede comunicarse con nosotros a través de nuestros cinco sentidos: oído, vista, gusto, olfato y tacto, aunque nuestros sentidos naturales no sean la principal forma de comunicación. Debemos recordar que Dios no es un ser humano, sino Espíritu, como Jesús nos dijo en Juan 4:24. Sin embargo, Él sabe cómo hacernos llegar su mensaje saltándose nuestras limitaciones humanas.

En este capítulo examinaremos las diferentes formas en que Dios nos habla. Cuando Él nos habla, la comunicación de Dios normalmente entra en una de estas tres categorías básicas:

1. Oír.

2. Ver.

3. Sentir.

Cuando estaba aprendiendo por primera vez cómo se comunica Dios, sentía que no podía ver, oír o sentir nada. En mi frustración porque Dios se comunicara conmigo, una vez pasé casi toda una tarde orando. Pasé mucho de ese tiempo quejándome de que no podía oírle ¡y diciéndole que sus formas de comunicase eran demasiado difíciles! Me había postrado en el piso, totalmente tumbado, y empecé a dormirme cuando oí algunas palabras resonando en mi corazón. No era en mi cabeza sino en mi corazón, y parecía que estaba justo en medio de mi abdomen. Escuché estas palabras: "Hank, mi capacidad para comunicarme contigo es mayor que tu incapacidad de oír. ¡Tengo diferentes formas de comunicar mi corazón y mi voz contigo!".

Ese día cambió mi vida porque me di cuenta que Dios tiene muchas y diferentes formas de hablarme.

El mejor ejemplo de cómo Dios nos habla a través de estas tres categorías básicas es Jesús. Él reveló la voluntad de su Padre a través de lo que oyó, vio y sintió.

- *Oído*—"Todas las cosas que oí de mi Padre os las he dado a conocer" (Juan 15:15).

- *Vista*—"No puede el Hijo hacer nada por sí mismo, sino lo que ve hacer al Padre" (Juan 5:19).

- *Sentido*—"Pero entendiendo Jesús que iban a venir para apoderarse de él y hacerle rey, volvió a retirarse al monte él solo" (Juan 6:15).

Dios se comunicó con el apóstol Pablo, y a través de él, en estas tres mismas formas de oído, vista y sentidos (también llamado percibir o percepción).

- *Oído*—El apóstol Pablo oyó la voz del Señor: "Saulo, Saulo, ¿por qué me persigues?" (Hechos 9:4).

- *Vista*—Pablo vio visiones en la noche (Hechos 16:9; 18:9).

- *Sentido*—Pablo se enojó en su espíritu y sintió intranquilidad en su corazón por causa de lo que una joven le estaba diciendo (Hechos 16:17-18).

Hay otros ejemplos bíblicos de estas tres formas en que Dios comunica sus secretos. Él puede comunicarse con usted a través de las tres o sólo una o dos de ellas. La clave es no rendirse o desanimarse. Siga escuchando, y siga pidiéndole que se comunique con usted. Con el tiempo, aprenderá a oír, ver y sentir. Estos son más ejemplos bíblicos de las tres formas en que Dios se comunica:

Isaías 21:2-3

- *Oído*—"Me agobié oyendo" (versículo 3).

- *Vista*—"Visión dura me ha sido mostrada" (versículo 2).

- *Sentido*—"Por tanto mis lomos se han llenado de dolor" (versículo 3).

Apocalipsis 10:1, 4, 10

- *Oído*—"Pero oí una voz del cielo que me decía..." (versículo 4).

- *Vista*—"Vi descender del cielo a otro ángel poderoso" (versículo 1).

- *Sentido*—"Entonces tomé el librito de la mano del ángel, y lo comí; y era dulce en mi boca como la miel" (versículo 10).

Este patrón también es evidente en el nacimiento de la Iglesia primitiva de una forma poderosa y sobrenatural en el día de Pentecostés. Note el patrón que se encuentra en Hechos 2:

- *Oído*—"Vino del cielo un estruendo como de un viento recio que soplaba" (versículo 2).

- *Vista*—"Y se les aparecieron lenguas repartidas, como de fuego, asentándose sobre cada uno de ellos" (versículo 3).

- *Sentido*—"el cual [viento] llenó toda la casa donde estaban sentados" (versículo 2).

Como hemos visto en estos ejemplos, cuando el Señor se comunica con nosotros, es por el oído, la vista y el sentido. Normalmente, Dios se comunica de esta forma a través de nuestros sentidos *espirituales*. Estos sentidos nos hacen oír a Dios a través de cosas como visiones espirituales y abiertas, sueños, una pequeña voz, el testimonio interno y la voz del Espíritu Santo. Los siguientes ejemplos de la Escritura nos ayudan a entender mejor los cinco sentidos espirituales:

- *Oído espiritual*—Dios le habló una palabra al espíritu de Samuel (1 Samuel 9:15-16).

- *Vista espiritual*—El siervo vio en el mundo del espíritu (2 Reyes 6:17).

- *Tacto espiritual*—La boca de Jeremías fue tocada por las palabras del Señor (Jeremías 1:9).

- *Gusto espiritual*—A través del discernimiento espiritual, los hijos de los profetas probaron espiritualmente que había veneno en la olla (2 Reyes 4:40).

- *Olfato espiritual*—Jesús liberó a un hombre de un espíritu inmundo (Marcos 9:25). Cuando algo huele mal, nos referimos a ello como algo inmundo. Jesús pudo discernir qué espíritu estaba en este hombre quizá por lo que olió espiritualmente o discernió en el espíritu.

Por supuesto, los tres últimos sentidos espirituales enumerados arriba entran en la categoría de sentido, mientras que los otros son simplemente oír y ver. Todos estos sentidos espirituales se pueden desarrollar mientras proseguimos en las cosas de Dios, y las ejercitamos y desarrollamos: "Para los que por el uso tienen los sentidos ejercitados en el discernimiento del bien y del mal" (Hebreos 5:14). Este versículo está hablando sobre el desarrollo de nuestros sentidos espirituales.

También están los cinco sentidos naturales: oído, vista, olfato, gusto y tacto, que se usan para las cosas naturales. Dios también habla en la esfera de lo natural en la tierra a través de las circunstancias de la vida cotidiana, la cual experimentamos con nuestros cinco sentidos físicos. Él puede hablar a través de eventos específicos y a través de la naturaleza. Claro, no deberíamos depender del oído natural más que de oír a Dios en el Espíritu, pero Dios puede y, de hecho, habla en la esfera de lo natural algunas veces. No obstante, nuestros sentidos naturales pueden trabajar juntamente con nuestros sentidos espirituales.

Una vez que entendemos que Dios habla tanto en la esfera espiritual como en la natural, usar nuestros sentidos naturales y también los espirituales nos ayudará a aprender a oírle más fácilmente. Juan 12:28-29 nos da un ejemplo de Dios hablando en estas dos realidades: "Padre, glorifica tu nombre. Entonces vino una voz del cielo: Lo he glorificado, y lo glorificaré otra vez. Y la multitud que estaba allí, y había oído la voz, decía que había sido un trueno. Otros decían: Un ángel le ha hablado".

Primero, Dios habló una palabra específica que Jesús oyó claramente porque Él oyó a Dios en el Espíritu. Luego estaban los que oyeron o asociaron la voz de Dios con un trueno. Otros pensaron que era un ángel o percibieron que era algo de ámbito espiritual como un ángel. Yo creo que Dios quería que todos le oyeran, pero la verdad es que la gente no oyó o percibió correctamente su voz. Sin embargo, la voz de Dios aun así tocó tanto la esfera de lo espiritual como de lo natural cuando Él habló.

OÍR SOBRENATURALMENTE

Si realmente queremos oír a Dios, su voz vendrá, pero es importante que no busquemos siempre una voz alta o cosas estruendosas para validar la voz de Dios en nosotros. No debemos interpretar mal su voz o interpretar todo como de Dios cuando, de hecho, podría tratarse simplemente de un trueno o de un rayo.

Cuando me convertí y recién terminé la escuela superior, dos amigos y yo fuimos a una conferencia. Como estudiantes jóvenes, teníamos poco dinero, y compartimos una habitación de hotel para ahorrar gastos. A mitad de la noche, uno de mis amigos nos despertó. Estaba susurrando en voz alta y señalando en dirección al armario y mirando fijamente a un objeto blanco y resplandeciente en el armario. Yo insistía en que no era nada, pero nuestro amigo estaba seguro de que era un ángel o algún tipo de ser espiritual. Comenzó a hablarle, diciéndole que se identificara. He de admitir que éramos jóvenes y extremadamente celosos en muchos sentidos, pero a la vez parecía haber algo en este objeto blanco, porque se movía de lado a lado.

Finalmente, me levanté para encender la luz y ver qué era esta cosa *angelical*. Era lo que yo pensaba: una camisa blanca que se movía por el acondicionador de aire, y lo resplandeciente venía de la luz de las farolas de la calle. De nuevo, a veces puede parecer sobrenatural y otras veces tan sólo un trueno, ¡o una camisa blanca!

Cuando escuche los secretos del Señor, haga que su primer enfoque sea glorificar al Señor, no sólo buscar lo espeluznante o espectacular. Como vimos en Juan 12:28, fue cuando Jesús demostró su deseo de glorificar a Dios y honrarle cuando vino la voz de su Padre. Si nuestro motivo es verdaderamente glorificar al Señor a través de lo profético, y no sólo usarlo como una oportunidad para buscar nuestra propia gloria, oiremos la voz de Dios con más claridad como le pasó a Jesús.

Ahora que hemos establecido el hecho de que Dios usa tanto nuestros sentidos espirituales como los naturales para hablar, quiero darle las vías por las que comenzará a oír, ver y sentir su voz.

Oír viene a través de:

- *Profecía*: Oímos la palabra del Señor para nosotros y los demás.

- *La voz interior del Espíritu Santo*: Oímos su callada y suave voz dentro de nuestro corazón.

- *Oír sobre textos de la Biblia*: Dios a menudo hará que un versículo resalte sobre los demás.

- *Lenguas e interpretación de lenguas*: Oímos su palabra para nosotros.

Ver viene a través de:

- Visiones y sueños (Hechos 2:17)

- Visitaciones de ángeles (Hechos 27:23).

Sentir o percibir viene a través de:

- *Paz interior*: Debemos procurar la paz (Salmo 34:14).

- *Percibir* (Hechos 8:23; 17:22; 27:10).

- *Ser contristado en su espíritu*: intranquilidad o sensación de que algo no está bien (Hechos 16:18).

- *Sentidos espirituales ejercitados*: a través del discernimiento espiritual (Hebreos 5:14).

PROFECÍA: EL VEHÍCULO DE LOS SECRETOS DE DIOS

Dios no sólo está buscando a gente que pueda oír, ver y sentir su voz, sino que también necesita personas que puedan compartir sus secretos proféticos. Una de las formas más prominentes de hablar de parte de Dios es a través de la profecía. Eso es lo que dijo Pablo cuando le hablaba a la iglesia de Corinto. Dijo que todos podíamos exhortar, edificar y traer una palabra de consuelo a través de la profecía (1 Corintios 14:39). Esto significa que podemos edificar, animar y ayudar a la gente a través de la profecía.

Quizá se pregunte: "¿Pero qué es la profecía?". Profecía, en el sentido más simple, es comunicar el corazón y la mente de Dios al hombre o al mundo, normalmente a través de algo que se ha visto, oído o sentido. En hebreo, *profecía* es la palabra *chazah*, que significa "percibir mentalmente y tener una visión de". Debemos recordar que profecía, o Dios comunicándose con el hombre, comienza con una inspiración de Dios. Cuando profetizamos, hablamos o escribimos una palabra inspirada por el Señor, y esa palabra generalmente viene a nosotros a través de oír, ver o sentir.

Como la profecía es Dios hablando a través de un vaso inspirado, deberíamos desear que la profecía funcionase. La profecía es algo bueno, y no malo, y sólo porque algunos la hayan maltratado no significa que deberíamos eliminarla. Nuestro deseo debería ser que se manifestara, y no sólo eso, ¡deberíamos desear que se manifestara a través de nosotros!

Como ve, desear es una de las mejores formas de traer los secretos de Dios a su vida. Primera de Corintios 14:1 dice: "Procurad los dones espirituales, pero sobre todo que profeticéis". Se nos dice que no menospreciemos la profecía en 1 Tesalonicenses 5:20, lo cual quiere decir que no deberíamos menospreciar oír de Dios y ministrar proféticamente a otros.

Yo encuentro la profecía como algo muy útil y necesario, especialmente cuando estoy pasando por momentos difíciles al intentar encontrar el camino que Dios quiere para mí en el ministerio. El Señor ha usado muchas personas proféticas y profecías para animarme, confirmar y revelar lo que Dios tenía para mi esposa y para mí. Fueron revelaciones increíbles habladas directamente desde Dios para nuestras vidas a través de diferentes individuos.

Cuando Dios comparte un secreto que quiere que usted profetice, puede venir espontáneamente o, a veces, puede venir como una revelación progresiva durante el momento hasta que finalmente la comparte. Esos secretos pueden venir a nosotros para revelar el pasado, presente y futuro. La profecía no está limitada a la confirmación.

Varios años antes de comenzar a pastorear, recibí una profecía de un ministro legítimo que profetizó que yo iba a pastorear. Pensé que esta persona se había equivocado totalmente, porque no tenía ninguna indicación de Dios de ningún tipo para pastorear una iglesia. Esta palabra no fue una confirmación, pero con el tiempo demostró ser una palabra futura que se me reveló, ¡y en la que felizmente me encuentro hoy!

Vayamos a las Escrituras para entender mejor que las palabras proféticas pueden ser presentes, futuras o pasadas.

- *Ejemplo presente de una palabra profética.* En Juan 4, Jesús le dijo a la mujer del pozo que *actualmente* estaba viviendo con un hombre que no era su marido.

- *Ejemplo futuro de una palabra profética.* En Hechos 11:28, el profeta Agabo profetizó sobre una gran hambruna que vendría sobre la tierra en un tiempo *futuro*.

- *Ejemplo pasado de una palabra profética.* En Juan 4:18, Jesús le dice a la mujer que había tenido cinco maridos en el *pasado.*

Otro ejemplo de profecía que no tiene necesariamente que confirmarle algo sino más bien revelarle algo nuevo es cuando Jesús le profetizó a Pedro cómo moriría. Esta no fue una palabra de confirmación para Pedro sobre su propia muerte, sino más bien una palabra futura proféticamente declarada (ver Juan 21:18). Profecía —ya sea presente, futura o pasada— es llevar el corazón de Dios y sus secretos como una bendición para esta generación. Es la forma principal de comunicar a otros lo que estamos oyendo, sintiendo o viendo.

Debido a la gracia del Espíritu Santo, la cual disfrutamos como hijos de Dios, ya no estamos limitados a sólo unos pocos que oyeron a Dios y profetizaron, como vemos en el Antiguo Testamento. Todos podemos profetizar, y es útil entender que no siempre tiene que entender la profecía cuando profetiza para Dios. Este es un concepto erróneo muy común cuando se trata de la profecía. La gente cree que, como usted lo profetizó, automáticamente usted sabe lo que significa. No, usted tan sólo está comunicando lo que ha oído, visto o percibido.

Piense en la profecía como un reportaje de una revistas; es información veraz, sin incluir la opinión personal sobre el tema. Los secretos proféticos a menudo son misterios o adivinanzas cuando se reciben e incluso se comparten. A menudo puede que no entienda en términos humanos qué es lo que el Señor está intentando comunicarle. Por ejemplo, el apóstol Pedro no entendía la visión que recibió del Señor en Hechos 10. Pedro no se levantó de ese lugar, y dijo: "¡Guau, ahora lo entiendo!". La verdad del asunto se desarrolló en él con el tiempo.

El Señor se comunica a veces a través de adivinanzas o misterios para que aún le busquemos más para recibir el significado del mensaje. Por eso Enoc escuchó a Dios. Él no era distinto a la mayoría, salvo que caminó de una forma muy dedicada con Dios. Cuanto más hagamos esto, como Enoc, ¡seremos llevados a esferas de la naturaleza de Dios en las que nunca antes habíamos estado!

TORBELLINOS, PRUEBAS DE FUEGO, Y MOMENTOS TRASCENDENTALES

La profecía puede ser un elemento vital para ayudarle a salir de algunas de sus peores pruebas. ¿Alguna vez se ha sentido como si estuviera caminando por un torbellino, una prueba de fuego o algún momento trascendental de su vida? Creo que por eso la Biblia dice que el propósito de la profecía es edificar, exhortar y confortar, y es que una palabra proféticamente declarada puede sacarnos de los momentos difíciles.

Cuando mi esposa, Brenda, y yo estábamos recién casados, necesitábamos un gran milagro en nuestra economía o varios miles de dólares, que obviamente no teníamos. Un ministro que no conocíamos nos dio una palabra profética que nos sostuvo en medio de la prueba. Vino cuando estábamos asistiendo a una reunión fuera de la ciudad y nadie conocía nuestra situación. Esa noche, el orador invitado profetizó que ocurriría un milagro financiero de una forma inesperada de una fuente inesperada muy pronto. Eso es todo lo que dijo la palabra.

Esa palabra fue declarada en abril de ese año, y en el mismo año, en la noche de Halloween, nos detuvimos en nuestro buzón de la oficina de correos después de trabajar. Dentro había un sobre de alguien de otro estado con el que nos habíamos relacionado de forma muy breve. Esa persona envió un cheque que pagó toda nuestra deuda. Gracias a Dios por su palabra profética en nuestra prueba de fuego, torbellino y momento trascendental; nos sostuvo y nos sacó de ahí.

Sin embargo, no podemos depender de las profecías que otros nos dan para fortalecernos. ¿Qué ocurre si no hay nadie a nuestro alrededor que nos dé una profecía? Entonces puede usar su propia capacidad de oír los secretos de Dios para salir de su situación. ¿Sabe que es una de las mejores cosas que puede aprender como cristiano? Si no hay nadie disponible para profetizarle, entonces debe saber cómo encontrar la voz de Dios por usted mismo. Esto es exactamente lo que le ocurrió al profeta Elías en 1 Reyes 19. Estaba buscando al Señor para que le hablara durante un tiempo de dificultad y soledad. Parecía estar tan mal que le encontramos pidiendo la muerte (versículo 4). Elías experimentó estos tres fenómenos: tuvo el terremoto, el torbellino e incluso fuego. Como resultado, buscó la voz de Dios en estas cosas, pero no la encontró. A veces es difícil oír a Dios en medio de una tormenta. Luego tendemos a esperar que Dios hable de una forma tormentosa debido a lo que estamos experimentando. Por eso creo que Dios no le habló a Elías a través de estos elementos. A veces tiene que salir de la tormenta para oír a Dios de la forma en que Él quiere hablarnos, ¡no sólo de la forma que queremos oírle! Necesita encontrar un lugar tranquilo donde pueda oír el susurro de la voz de Dios. Dios le habló a Elías con una voz apacible y delicada, ¿pero hubiera sido Elías capaz de oírla si hubiera permanecido en el torbellino? ¡Probablemente no!

Aunque no haya nadie a su alrededor que pueda darle esa profecía que transforme su vida, aún puede oír a Dios. Busque un lugar a solas, tranquilo, y deje de gritarle a Dios que le hable en medio de su tormenta. Cuando se calme y escuche, saque su mente de la prueba de fuego y de su momento trascendental, y comenzará a oír, ver sentir al Señor. Puede que no sea de la forma tumultuosa que usted esperaba, pero le oirá si se calma y escucha. Este ejemplo de Elías da esperanza de que no importa lo por lo que estemos pasando, Dios está esperando comunicarse con nosotros a través de algo oído, visto o percibido. Tenemos que esperar tranquilos, y descubriremos que su voz apacible y delicada está disponible en la mayoría de nuestros momentos difíciles.

EXTIENDA SU MIRADA

Si queremos ver en el espíritu con más precisión, sólo necesitamos pedirle al Señor que nos ayude en nuestra capacidad para verle. Eliseo y su siervo se enfrentaron a una situación muy difícil (2 Reyes 6). El ejército sirio les superaba en número, y parecía que no había salida. Una oración profética poderosa —"Te ruego, oh Jehová, que abras sus ojos para que vea"— lo cambió todo (versículo 17). En la esfera de lo natural, su siervo no sólo vio los ejércitos sirios, sino que cuando Eliseo oró para que el Señor abriera los ojos de su siervo, fue para que viera en la esfera de lo espiritual. ¿Cómo fueron abiertos sus ojos espirituales? Pidiéndoselo al Señor. Dios abrió sus ojos como se nos dice en la Escritura, y una vez que estuvieron abiertos, vio los caballos y carros del ejército celestial de Dios.

Dios quiere que sus ojos espirituales sean abiertos. Ver en la esfera espiritual proféticamente le da perspectiva del cielo en relación con la situación que está afrontando. También podemos tener nuestros ojos abiertos en el espíritu a través de sueños y visiones. Pedro se levantó en el día de Pentecostés, declarando que en los postreros días Dios daría visiones y sueños. Los sueños son una buena forma para que Dios pueda comunicar su corazón y su voluntad, porque a menudo ocurren cuando no estamos despiertos e intentando aplicar nuestra perspectiva natural a las cosas. Mientras estamos despiertos, a menudo estamos intranquilos y preocupados y nos cuesta más estar quietos en Dios.

A veces, antes de ministrar, oro en el Espíritu y me duermo mientras oro. ¡Ahora bien, no estoy diciendo que tenemos que ser vagos y dormirnos cuando oramos! Sin embargo, tras un tiempo de oración de calidad, me duermo, y a menudo el Señor me habla abriendo mis ojos espirituales.

Por ejemplo, mientras oro, el Señor puede que me muestre algo sobre una persona con quien no he hablado en un buen rato, y cuando contacto con esa persona, veo que era de Dios. Otras veces, el Señor me ha mostrado cosas sobre gente, no para que actuase, sino para que orase por ellos. Es ahí donde una buena disciplina espiritual y un buen pastor le ayudarán a caminar en su proceso de aprendizaje.

Me gusta referirme al proceso de tener nuestros ojos espirituales abiertos como *oír con los ojos*. Sí, podemos aprender a recibir los secretos de Dios aprendiendo a escuchar con nuestros ojos. Dios le mostrará cosas con sus ojos espirituales. Me gusta mantener mis ojos espirituales abiertos a las cosas que el Señor me pueda estar diciendo. Intento mantenerme en un estado de vigilancia mientras avanzo en el día.

No me estoy refiriendo a ir por ahí con una mirada espiritual extraña. Una vez conocí a una persona que solía mirar al cielo como si recibiese alguna visión celestial. El problema era que, incluso aunque recibiera algo, parecía raro y extraño. Era difícil para la gente tomarle tanto a él como a su mensaje en serio. Pequeñas cosas como esta que atraen la atención a usted mismo le obstaculizará. Sea normal y auténtico.

Puedo *oír con mis ojos* manteniendo mi *enfoque* espiritual en la gente o en situaciones a las que Dios pueda estar llamándome a ministrar. Puede que sean los miembros de mi iglesia, así que dirijo mi visión hacia ellos y veo lo que oiré. He descubierto que, cuando mis ojos están enfocados, Dios incluso puede revelar cosas que no tienen nada que ver con mi área de enfoque.

Cuando estaba escribiendo mi libro *No deje de insistirle a Dios*, estaba tecleando ¡pero al mismo tiempo escuchando para ver si el Señor me mostraba algo! Estaba trabajando pero escuchando con mis ojos. Un día mientras miraba el monitor de mi computadora, de repente el rostro de una persona apareció súbita y fugazmente ante mí. Vi una señora de mi iglesia que estaba a punto de tener un bebé en cualquier momento. Inmediatamente le pregunté al Señor si quería decirme algo sobre ella, ya que si no, ¿para qué vi su rostro? No había estado pensando en ella en ese momento, pero el Señor habló a mi corazón y dijo: "Tendrá el bebé el martes por la noche o la madrugada del miércoles".

"¡Guau!" pensé. "Hoy es lunes, lo cual significa que mañana por la noche tendrá su bebé". Le di este mensaje el lunes, pero pasó el martes y el miércoles y el niño no llegó. No sabía por qué Dios me mostró eso o dijo lo que dijo. Para sorpresa de todos, la siguiente semana, la noche del martes a la madrugada del miércoles, tuvo su bebé. Fue una semana después. Debemos tener cuidado de no dejar de confiar en la palabra o malinterpretar cosas cuando no parece que están ocurriendo como esperábamos. Sin embargo, como estaba observando, Dios estuvo dispuesto a hablar a través de mis ojos.

Otra manera de aumentar mi visión espiritual es *estirar mis ojos*. Ahora bien, no quiero decir que agarre sus ojos y los estire, sino que estoy hablando de estirar sus ojos espirituales. Mientras oro, a menudo me calmo y le pido al Señor que me muestre algo que quiera revelar. Al estirar mis ojos, estoy estirando mi fe y creyendo que recibiré algo específico. Es un estiramiento de la fe.

En una conferencia donde estaba ministrando en cierta ocasión, sabía que habría varios miles asistiendo, pero quería estirar mis ojos de la fe para cualquier cosa que Dios quisiera por los individuos. ¡Lo estaba esperando! Mientras hablaba, el Espíritu Santo comenzó a mostrarme que a mi izquierda en la última fila de la sala había un hombre sentado a quien tenía que ministrar. Dios a menudo tendrá una unción específica o un propósito para un individuo de una manera profética. Recuerde que cuando Jesús ministraba, el poder del Señor estaba presente para sanar a todos en la sala (Lucas 5:17).

En el caso de esta conferencia, el Señor ya me había mostrado a ese hombre en mi espíritu antes de la reunión. Yo actué sobre aquello para lo que había estirado mis ojos de fe con anterioridad. En la reunión, el Señor comenzó a describir al hombre que había visto en la habitación de mi hotel, e incluso me había dicho su nombre de manera sobrenatural. Comencé a describir dónde se sentaría ese hombre. Un hombre con exactamente el mismo nombre vino corriendo al frente desde el lugar exacto que había visto antes en oración. El Señor ministró a esta persona grandemente porque *estiré mis ojos* para ver a quién quería tocar Dios específicamente ese día. Estire su visión usando su fe.

La clave para ver u oír con nuestros ojos espirituales es realmente ser sensible estando en comunión con el Señor durante el día. Literalmente, ¡es *mantener sus ojos levantados!* Esto es lo que hizo Jesús cuando resucitó a Lázaro de los muertos en Juan 11. La Biblia dice que Jesús alzó sus ojos a su Padre celestial. En otras palabras, Él estaba dependiendo de su Padre y se mantuvo en una constante e íntima comunión. Lo único que tuvo que hacer fue levantar sus ojos, y el Padre respondió. Así es exactamente como usted puede hacer que el Señor le responda. Mantenga sus ojos alzados al cielo.

CIRCUNCIDE SUS OÍDOS

No sólo necesitamos practicar estirar nuestros ojos, sino también aumentar nuestra escucha. Si queremos agudizar nuestra escucha para oír los secretos de Dios, debemos tener nuestros oídos circuncidados. Claro, no estoy diciendo que se corte literalmente la piel de su oreja, porque no es una circuncisión natural sino espiritual.

"¿A quién hablaré y amonestaré,
para que oigan?
He aquí que sus oídos son incircuncisos,
y no pueden escuchar;
he aquí que la palabra de Jehová les es
cosa vergonzosa,
no la aman."

—JEREMÍAS 6:10

Este tipo de circuncisión consiste en cortar la naturaleza del pecado que pueda afectar a nuestro corazón o capacidad de oír al Señor. La circuncisión de nuestro oído significa que necesitamos cortar las cosas del mundo que dominan nuestra escucha. Por eso es vital asegurarnos de oír cosas puras y no contaminadas por las cosas de este mundo. Cuanto más permita que sus oídos oigan la perspectiva del mundo, más obstaculizará su escucha espiritual. Oír constantemente la programación, la música y las ideas del mundo hará que su escucha espiritual del Espíritu Santo no sea clara. En este versículo de Jeremías, Dios quería hablar a alguien, estaba buscando a los que tenían un oído circuncidado de las formas pecaminosas de este mundo. Esas personas no podían oír correctamente porque tenían demasiada carne obstruyendo su capacidad de oír de Dios. Como resultado de ello incluso ni se deleitaban en la palabra de Dios; estaban más interesados y cómodos oyendo cosas carnales.

Debemos escuchar continuamente la Biblia y las cosas espirituales, y eso nos ayudará a oír y compartir los secretos del Señor con más pureza y madurez. Podemos tener un oído espiritual verdaderamente circuncidado que oiga las palabras de Dios si empezamos primero con el motivo de nuestro corazón.

Si quiere agudizar su escucha en el espíritu, debe preguntarse qué es lo que está listo para cortar en su vida. Lo que ministre a otros está afectado en gran manera por una vida de pureza o impureza. Leemos en Hechos 21:9 que Felipe tenía cuatro hijas vírgenes que profetizaban. Proféticamente hablando, su virginidad habla de pureza. En otras palabras, lo profético y la pureza deben ir juntos.

Veamos también Jeremías 4:4: "Circuncidaos a Jehová, y quitad el prepucio de vuestro corazón". Este versículo nos recuerda que tenemos que quitar el exceso de nuestro corazón que nos impide guardar un oído espiritual puro. En Romanos 2:29 la Biblia nos dice: "La circuncisión es la del corazón, en espíritu, no en letra; la alabanza del cual no viene de los hombres, sino de Dios". Para el cristiano, la circuncisión es algo que hacemos en un sentido espiritual. Deberíamos querer cortar las cosas pecaminosas y carnales porque amamos a Dios y queremos hacer lo que le dé honra.

Lo que permitamos que oigan nuestros oídos y reciban nuestros corazones formará una determinada mentalidad en nuestro caminar con Dios. Mantener nuestros corazones espiritualmente circuncidados protege nuestros oídos, ojos y corazones de contaminarse, ya que los oídos, los ojos y el corazón son puertas que se abrirán o bien para una influencia del Señor o de los diablos de este mundo. Cuando usted protege estas puertas caminando puro ante el Señor, mejora su capacidad de recibir sus secretos. Sansón perdió sus ojos, por ejemplo, porque no protegió sus puertas de entrada, ya que permitió que sus ojos mirasen hacia la transigencia, y finalmente le sacaron literalmente sus ojos. Esto representa para nosotros que si permitimos que nuestro ojo y nuestras puertas sean transigentes, corremos el riesgo de perder nuestra vista y escucha espiritual, lo que finalmente destruirá nuestra unción.

Otros han cortado sus oídos, o bien por sus propias acciones o por la influencia de otros. ¿Se acuerda de Malco, el hombre que perdió su oreja cuando Pedro se la cortó en el huerto de Getsemaní? (ver Juan 18:10). En un instante perdió su oreja, y aunque este fue un incidente natural, aun así podemos sacar un principio espiritual de ello. Después de que Pedro cortara la oreja de este hombre, Jesús se acercó y sanó su oreja, capacitándole para poder oír de nuevo. Sin lugar a duda, creo que el Señor está restaurando nuestra escucha, que es nuestra capacidad de entender su voz incluso cuando parezca que se ha cortado.

Eli, sacerdote del Señor, ensordeció espiritualmente para las cosas de Dios, porque fue transigente, y finalmente fue incapaz de oír al Señor. Puede estudiar su vida en los primeros capítulos de 1 Samuel. La Biblia nos dice que en su tiempo, la palabra del Señor escaseaba (1 Samuel 3:1). ¿Podría ser que la voz se Dios se cortó por la transigencia de Elí? ¡Ciertamente! Así que el Señor tuvo que restaurar su voz a través de un jovencito puro llamado Samuel que se convirtió en un poderoso profeta. Incluso cuando el Señor comenzó a hablar a Samuel durante su infancia, Elí no pudo decir inmediatamente si era el Señor el que estaba llamando al niño.

Elí permanecía cortado del Señor y no podía discernir espiritualmente ni sentir la voz del Señor cuando ésta apareció. La Biblia dice que los ojos de Elí "comenzaban a oscurecerse de modo que no podía ver" (1 Samuel 3:2). Por supuesto, hablando en lo natural, era mayor, pero también creo que la Biblia dirige nuestra atención a su condición como sacerdote, con la cual él había sido transigente. La Biblia nos da algunos indicadores definitivos de que Elí había permitido que la transigencia afectara negativamente su sacerdocio.

Su discernimiento estaba nublado:

1. *1 Samuel 1:13-15*. Él pensó que Ana estaba borracha cuando estaba orando intensamente.

2. *1 Samuel 3*. Como sacerdote, Elí no se percató rápidamente de que era el Señor quien llamaba a Samuel.

Fue transigente con el templo:

1. *1 Samuel 2:22*. Permitió que sus hijos sedujeran sexualmente a las mujeres que asistían a la puerta del templo. Con esto, Elí falló a la hora de proteger el templo del pecado.

2. *1 Samuel 2:27-36*. Permitió que sus hijos usaran el dinero del templo para sus propios placeres, deshonrando con ello las ofrendas de la gente.

Elí y sus hijos se engordaron "¿...de lo principal de todas las ofrendas de mi pueblo Israel? (1 Samuel 2:29). Como resultado, su casa sería cortada y su familia viviría toda su vida en pobreza, mendigando en el templo (1 Samuel 2:32-36).

Agudizar nuestro oído significa que tendremos que purificar lo que decidimos oír y asegurarnos de atender la voz de Dios en oración, en su Palabra y dentro de nuestro espíritu. No deje que la transigencia le ensordezca para oír la voz de Dios. Afine su oído y le oirá con claridad.

LOS TRES MATA SECRETOS

En 1 Juan 2:16 identificamos tres pecados carnales: la lujuria de los ojos, la lujuria de la carne y el orgullo de la vida. Estos comportamientos cortarán nuestra capacidad de ver, oír y percibir en el Espíritu. La lujuria de los ojos interferirá con su capacidad de ver a Dios. En su lugar, se ocupará de ver cosas que Dios no quiere que vea o se enfoque. Cuando hacemos de estas cosas nuestro principal enfoque, apelando así a nuestra carne natural, desarrollamos escamas espirituales sobre nuestros ojos que nos obstaculizarán para ver la realidad espiritual.

En segundo lugar, la lujuria de la carne es peligrosa porque puede hacer que anhelemos cosas contrarias a las del Espíritu. Cuando anhelamos las cosas erróneas, no discernimos o percibimos las situaciones correctamente. No podemos discernir lo bueno de lo malo o lo verdadero de lo falso porque nuestra carne desea las cosas erróneas. Cuando nuestra carne desea las cosas equivocadas, no podemos sentir propiamente a Dios en el espíritu. La lujuria carnal no es necesariamente lujuria sexual, ya que puede ser cualquier distracción, un horario ocupado o intereses excesivos fuera del Señor.

El orgullo de la vida es evidente cuando permitimos que la voz de la autoexaltación nos hable. Cuando estamos muy ocupados alabando y haciendo lugar para nosotros mismos, no podemos oír a Dios hablar. Esto atasca nuestra escucha espiritual porque estamos demasiado ocupados cantando las alabanzas del yo. Muchas personas proféticas se ven atrapadas en este síndrome. Quieren recibir el aplauso por las cosas que profetizan y hacen, y a menudo imponen su propia manera para hacer lugar para su escenario. Muchos profetizan con este motivo, y están más preocupados con ser oídos que con que se oiga al Señor.

La lujuria de los ojos, la lujuria de la carne y el arrogante orgullo de la vida son asesinos de los secretos proféticos de Dios. Estas son las cosas que el diablo usó contra Jesús en el desierto cuando estaba ayunando y orando en Mateo 4.

El diablo comenzó sus tentaciones usando la lujuria de la carne contra Jesús. Le tentó diciéndole que mandara a las piedras que se convirtieran en pan. Él sabía que Jesús estaba ayunando y hambriento, y Jesús fácilmente podía haber satisfecho su carne. En su lugar, Jesús mantuvo su hambre por Dios y su Palabra.

Lo siguiente que Satanás usó fue el arrogante orgullo de la vida. Quería que Jesús hiciera algo necio, como arrojarse desde el pináculo del templo, esperando que Dios le salvara. Esto es lo que yo llamo *el arrogante orgullo de la vida*. Hoy algunas personas hacen cosas ridículas para demostrar que tienen algún tipo de poder profético. Yo he visto a gente interrumpir sus reuniones y comenzar a ministrar rudamente a las personas para obtener un reconocimiento. Estas personas están absorbidas con ellas mismas.

El diablo también usó la lujuria de los ojos para intentar sacar a Jesús de su camino. Le mostró todos los reinos del mundo y le dijo a Jesús que se postrara y le adorase. El diablo quería que Jesús mirase todo lo que el mundo le podía ofrecer, ¡pero Jesús no cedió! El diablo aún intenta esto hoy día. Él estaba seduciendo a Jesús con la lujuria de los ojos, y hace lo mismo con mucha gente que tiene buenas intenciones. Él intentará que usted ponga sus ojos en cualquier cosa que no sea el Señor.

Cuando mantiene su corazón en el lugar correcto y se posiciona para enfocarse en el Señor, puede esperar oír los secretos del Señor. Una vida de pureza será una vida llena de los secretos de Dios. Use su fe para oír los secretos de Dios. Si no ha encontrado la oportunidad de profetizar recientemente, pídale al Señor que le abra puertas. Usted puede aprender a oír y profetizar en la privacidad de su propia habitación, y ese es el mejor lugar para comenzar. Después compruebe su escucha y capacidad de profetizar con miembros de su familia. Mi esposa y yo nos profetizamos entre nosotros, y nos encanta hacerlo. Desde ahí, permita que Dios le abra puertas para ministrar sus secretos en otros lugares y a otras personas. Si mantiene su corazón recto y no busca una promoción o posición personal, Dios le hará un lugar para que ministre sus secretos. No empuje para abrirse hueco, y mantenga su corazón puro, esperando a que el Señor le haga un hueco para que comparta los secretos del Señor.

LÍMITES PROFÉTICOS

La comunión íntima de Jehová es con los que
le temen, y a ellos hará conocer su pacto.

—Salmo 25:14

HACE ALGÚN TIEMPO, MIENTRAS MI ESPOSA Y YO estábamos ministrando en una iglesia, habíamos ido a cenar con los pastores anfitriones y sus asociados. Mientras comíamos, una pareja que se sentó en una mesa adyacente se levantó para irse y se detuvieron en nuestra mesa. La mujer dijo que nos había oído hablar del Señor y del ministerio, y comenzó a hablarnos de una forma profética un tanto extraña, intentando decirnos cosas sobre nuestras vidas. Sólo se dirigió a los hombres de nuestra mesa, y parecía sentir la necesidad de poner su mano sobre nuestros hombros, cosa que siguió haciendo repetidamente. Esa fue una señal de aviso inmediata para mí de que algo no estaba bien. Ella se mostraba autoritaria y seguía bordeando nuestra mesa, actuando como si fuera llamada a ser una voz en nuestros ministerios.

Hablaba en alto y a gritos y seguía explicando cómo Dios la usó en lo profético en su propia iglesia en otro estado, pero aquí viene la peor parte: ella y su marido, acababan de beber, como pudimos ver por las varias botellas de cerveza que había en su mesa, así que cuando llegó a nuestra mesa e interrumpió nuestra conversación, ya no estaba del todo sobria, y no tenía ni idea de que lo único que estaba haciendo era ponerse en ridículo. Creo que el pastor de la iglesia de la que ella decía ser parte se hubiera horrorizado si hubiera presenciado su comportamiento. La verdad es, que o bien le causó a su pastor muchos dolores de cabeza o no asistía allí lo suficiente como para ser miembro de ese lugar.

Normalmente la gente así es disciplinada, asiste a la iglesia y no asiste sólo bajo sus condiciones. Creen que tienen un don profético y el derecho de usarlo siempre que quieran, ¡incluso medio borrachos!

Seguimos siendo educados pero mantuvimos la conversación al mínimo, esperando que se fuera; sin embargo, no se percataba de que no estábamos interesados en su aportación "profética". Fue triste verla intentar ser profética mientras balbuceaba sus palabras.

Probablemente usted esté tan horrorizado al leer esto como lo estábamos nosotros, pero algunas personas manejan las cosas proféticas de Dios de esta misma forma estando sobrios, acercándose a desconocidos, interrumpiéndoles en restaurantes y sin percatarse de que sus oyentes no están interesados. Interrumpen las reuniones de las iglesias que visitan, y esperan que el pastor les dé un espacio, incluso aunque el pastor no les conozca y no haya tenido tiempo de ver qué tipo de vida llevan. Les gusta dar a la gente profecías reservadas, y no quieren rendirle cuentas a nadie de su "don". Hacen especial énfasis en dejar que todos sepan que tienen un llamado y un don para orar y profetizar.

Si van a una iglesia, sienten que deberían ser reconocidos como una voz espiritual de algún tipo, pero normalmente no quieren seguir ningún tipo de límite profético que la iglesia haya establecido. De hecho, muchos de ellos sienten que como tienen "un mensaje de Dios" no están sujetos a nadie. En cambio, creen que el pastor y la gente deberían estar sujetos a su mensaje.

Yo llamo a este tipo de comportamiento *una falta de límites proféticos*. Estos "profetas" o "intercesores" son simplemente creyentes inmaduros que son un detrimento para el reino de Dios y la iglesia. Contrariamente a lo que algunos creen, la gente en la Biblia que ministraba los secretos proféticos de Dios solía tener unos modos y un protocolo correctos y daban cuentas. Quiero darle algunos detalles sobre rendir cuentas y los límites adecuados en este capítulo con relación a lo profético.

ESTABLECER LÍMITES

Como cada uno está en un nivel diferente para recibir los secretos del Señor, los linderos pueden dar la impresión de variar de persona a persona y de situación a situación. Los linderos del ministerio también variarán de iglesia en iglesia, y por esa razón no creo que la gente que esté de visita en una iglesia deba levantarse para profetizar en esa iglesia. Necesitan primero entender cómo dirige ese pastor la reunión y cómo acomoda a la gente que profetiza.

La gente que no está representando un estilo de vida santo con sus acciones no debería profetizar, como fue el caso de la mujer que se detuvo a profetizarnos en nuestra mesa. Ella actuó de forma inconsiderada por la manera en que nos interrumpió, no usó unos buenos modos sociales y lo único que buscaba era a los hombres de la mesa. En el ejemplo que di anteriormente de cuando mi esposa y yo nos acercamos a la pareja de la mesa, fuimos considerados con su tiempo, caminábamos rectamente con Dios y usamos buenos modales asegurándonos de que querían seguir hablando con nosotros. Su receptividad y deseo de ser llenos del Espíritu Santo fue el fruto, demostrando que estábamos manejando la situación correctamente.

Por eso el apóstol Pablo nos instruyó que ministráramos los dones con decencia y orden, así como en amor (1 Corintios 14:40). Se estaba dirigiendo a la iglesia en Corinto, que históricamente era una iglesia inmadura, desordenada, disruptiva, carnal y muy indisciplinada. En 1 Corintios, Pablo trató muchos problemas que había que volver a poner en orden en esa iglesia, lo cual vemos hoy día no sólo en nuestras iglesias sino también fuera de la iglesia local. A la vez, en 1 Corintios aprendemos más sobre los dones espirituales que en cualquier otro libro de la Biblia. No suele ser la mayoría de la gente la que maneja las cosas proféticas de Dios indebidamente; son más bien unos pocos los que hacen que parezca algo malo para los demás.

Pablo le dijo a esta iglesia profética, llena del Espíritu y con dones espirituales que hicieran todo decentemente y con orden. ¿Por qué tuvo que decir esto? Podemos ver la razón en las palabras de apertura de esta carta a la iglesia en Corinto. En 1 Corintios 1:6-7, Pablo confirma que estos creyentes tenían el testimonio de Cristo e incluso dones espirituales: "así como el testimonio acerca de Cristo ha sido confirmado en vosotros, de tal manera que nada os falta en ningún don". A la vez en los versículos siguientes, Pablo tuvo que tratar algunas cosas que estaban fuera de orden en sus testimonios de Cristo y los dones:

> "Os ruego, pues, hermanos, por el nombre de nuestro Señor Jesucristo, que habléis todos una misma cosa, y que no haya entre vosotros divisiones, sino que estéis perfectamente unidos en una misma mente y en un mismo parecer. Porque he sido informado acerca de vosotros, hermanos míos, por los de Cloé, que hay entre vosotros contiendas".
>
> —1 CORINTIOS 1:10-11

La historia indica que Pablo pasó unos tres años con esta iglesia, intentando llevarles a un lugar de madurez espiritual (ver Hechos 18:11, 18). Los corintios tenían los dones espirituales, pero había muchos asuntos que necesitaban corrección en relación con su comportamiento. A continuación encuentra algunos ejemplos de los asuntos de los que Pablo le habló a esta iglesia de Corinto:

- *Comportamiento carnal y mundano*—1 Corintios 2

- *Inmoralidad y carnalidad*—1 Corintios 3

- *Infidelidad y falta de dependencia*—1 Corintios 4

- *Asuntos inmorales*—1 Corintios 5

- *Asuntos legales y asuntos carnales*—1 Corintios 6

- *Asuntos matrimoniales*—1 Corintios 7

- *Murmuración y queja*—1 Corintios 10

- *Asuntos de disputas*—1 Corintios 11

- *Desorden, competencia e interrumpirse los unos a los otros* —1 Corintios 12

Puede ver, por estos ejemplos, que esta iglesia tenía muchos problemas de comportamiento y necesitaba entender los límites morales y de justicia. En esa mezcla, también tenían que aprender los límites ministeriales en el ámbito de la iglesia. Fue debido a todos estos asuntos que Pablo tuvo que establecer el orden debido para los que deseaban funcionar en los dones espirituales y la profecía. Este orden no era para eliminar los dones espirituales o impedir que la gente funcionara en ellos, sino para establecer los estándares necesarios para que la iglesia pudiera ser verdaderamente bendecida con esos dones. A menudo, la gente que quiere funcionar en los secretos de Dios se olvida o ignora este lado de las cosas. Podemos entender por estos ejemplos de Pablo a la iglesia de Corinto que los dones sin el carácter, moralidad, pautas y el orden debido ¡desembocan en un lío!

Note que Pablo, como supervisor de esta iglesia, estaba estableciendo el orden. Se estaba asegurando de que las cosas se hicieran correctamente. No estaba intentando controlar o espachurrar el ministerio de los dones espirituales, sino que estaba estableciendo límites. Por eso yo animo a los pastores y líderes a enseñar, entrenar e instruir a la gente que dirigen. Los pastores deberían enseñar a su gente el orden debido para compartir una profecía del Señor. La gente que asiste debería saber que no pueden minar estos límites que el pastor ha establecido si tan sólo están de visita y no han tenido tiempo de conocerles. Los nuevos miembros deberían tomar tiempo para entender y aceptar estos límites para ministrar en los dones espirituales que su pastor ha establecido. Estos límites variarán de iglesia en iglesia.

Si el pastor de la iglesia a la que atiende simplemente no permite que la gente de la congregación profetice, entonces tendrá que aceptar este límite si ésa va a ser su iglesia. Si él no permite que los visitantes profeticen, cosa que yo normalmente tampoco permito, entonces tendrá que aceptarlo. Si él sólo permite que lo hagan quienes hayan pasado por algún tipo de aprendizaje o entrenamiento profético, entonces tendrá que aceptar y seguir estos límites en amor y con una actitud de apoyo.

LOS LÍDERES LIDERAN

Los líderes tienen que hacer lo que dice Efesios 4: equipar a los santos para que hagan la obra del ministerio y hacer que maduren. Donde el liderazgo y el orden están indefinidos, las personas harán lo que les parezca bien según sus estándares. "En estos días no había rey en Israel; cada uno hacía lo que bien le parecía" (Jueces 21:25). Es vital para los líderes enseñar a la gente a ministrar correctamente dentro y fuera de las paredes de la iglesia. Como personas, tenemos que aprender a comportarnos correctamente. Deberíamos estar dispuestos a someter nuestros dones a los líderes espirituales que rindan cuentas de nuestro don y carácter. Pablo escribió en su carta a Timoteo que debía saber "cómo debes conducirte en la casa de Dios" (1 Timoteo 3:15). Este es el consejo que cada creyente debe seguir.

Los límites no están establecidos para que los dones estén controlados y aplastados, sino para que tengan un canal ordenado por el que funcionar. Unos límites apropiados pueden hacer espacio para que funcionen los dones. Cuando las personas entienden el protocolo, tienen herramientas con las que trabajar.

Cuando Jesús hizo su primer milagro de convertir el agua en vino, envió el vino al maestresala de la fiesta (Juan 2:8). Nos estaba demostrando a nosotros que ministramos en el nuevo vino del

Espíritu Santo que nuestro vino debería estar sometido al que dirige. Necesitamos gente en autoridad en nuestras iglesias locales para probar y juzgar nuestras revelaciones espirituales. Esto es lo que el maestresala de la boda de Caná representaba proféticamente. Los pastores y líderes dan una prueba del sabor espiritual, si lo quiere ver así. Ellos han de juzgar el sabor del don manifestado y cómo se presentó para determinar si es decente y con orden.

Puede que piense: "¿Qué ocurre si el pastor no ve mi don o no recibe mi profecía?". Aprender los límites y el protocolo en el ministerio no es nunca una garantía de que nos tratarán siempre correctamente, o incluso de que seamos perfectamente entendidos o recibidos, y esto forma parte del curso. Pero la clave es que sigamos los límites que haya establecidos y confiemos en que Dios nos hará espacio cuando realmente Él quiera usarnos para decir algo. Note que Jesús no forzó sus oportunidades, sino que sometió lo que hizo. Él no estaba intentando demostrar a nadie que era profeta o que tenía algún poder espiritual, sino que confió en que Dios le usaría y abriría un camino delante de él para que eso ocurriera.

La iglesia de Corinto quería su momento espiritual de reconocimiento mientras era indecente y desordenada. Piense en lo que significa ser indecente y desordenado en términos del apóstol Pablo. Cuando un individuo es indecente y desordenado, es ruidoso, odioso, rudo, carnal, no se somete a las reglas, es inconsiderado con los demás, egoísta y a menudo irrespetuoso con las autoridades cuando éstas aparecen. Normalmente creen que hay unas reglas especiales que se les aplican sólo a ellos, y por eso deben ser arrestados, multados o les tienen que decir que se sometan al orden.

Ya sea dentro o fuera de la iglesia, necesitamos un comportamiento ordenado cuando se trata de las cosas del Espíritu. Deberíamos ser considerados y amables, seguir las reglas, actuar en amor y honrar a otros. Esto podría significar que habrá veces que no pueda compartir su "palabra" y confiar en que si verdaderamente es de Dios, el Señor buscará la forma de que sea compartida de manera correcta y en el lugar y el tiempo indicados. Y si el momento adecuado nunca llega, entonces habrá momentos en que usted la considere como una experiencia de aprendizaje en su capacidad de oír los secretos del Señor. A veces Dios sólo lo compartirá con usted para su propia práctica y crecimiento, y puede que nunca sea compartida.

Ha habido veces en el ministerio en las que yo estaba presente en una reunión junto con muchos otros predicadores diferentes que ministraban en lo profético. A veces, el que estaba dirigiendo nos daba una oportunidad de compartir algo que estuviéramos oyendo del Señor, y muchas veces yo sentía algo, pero la puerta abierta para hablar no me llegó, y me di cuenta de que habría ocasiones en que tendría que guardarme lo que estaba sintiendo y aceptar el hecho de que Dios no necesitaba mi "palabra" en ese momento. Mantener esa actitud se llama seguir los límites y tener maneras o modos.

GUARDAOS

Quiero tratar el tema de los límites para ministrar a desconocidos. Ciertamente no quiero dar a entender que no deberíamos compartir los secretos del Señor con quienes no conocemos. ¡Estamos compartiendo el evangelio con la intención de tocar el mundo entero!

Pero en esta área clave necesitamos revisarnos, especialmente cuando se trata de gente no creyente. El tiempo que usted dedique a ministrarles podría cambiar para siempre su visión de la iglesia, de los cristianos, y especialmente de los que ministran las cosas del Espíritu. Tenemos que evaluar nuestros motivos y determinar cómo el Señor quiere que ministremos a una persona en un momento dado, en vez de tan sólo intentar buscar nuestro momento para brillar.

Un gran ejemplo de cómo ministrar a desconocidos se encuentra en Éxodo 19 y 24. Dios iba a descender y hablar a su pueblo, pero estableció ciertas pautas que había que seguir. Él aún hace lo mismo hoy día cuando comparte sus secretos.

Veamos los límites y limitaciones que estableció Dios:

"Y señalarás término al pueblo en derredor, diciendo: Guardaos, no subáis al monte, ni toquéis sus límites; cualquiera que tocare el monte, de seguro morirá".

—ÉXODO 19:12

Permítame dirigir su atención a la frase que dice: "Guardaos". En otras palabras, examínese, revísese. ¿Qué tal si esas personas decidiesen ignorar las pautas y los límites establecidos por Dios y dados a Moisés? Hubieran muerto. ¿Qué tal si hubieran decidido ser inconformistas y llaneros solitarios y gritarle a la montaña porque sentían que las reglas no eran para ellos? ¿Qué tal si hubieran pensado que Moisés como su líder estaba queriendo controlarles? Tristemente, así es como algunos tratan lo profético, queriendo establecer sus propias pautas, reglas y estándares para ministrar las cosas de Dios. No quieren guardarse, así que ministran fuera de la iglesia de forma imprudente, suponiendo que cualquier maestro o líder que quiera establecer lo profético o las cosas de Dios con ciertos límites y limitaciones está intentando controlarles.

Por otro lado, también es importante que los líderes eviten poner excesivas estipulaciones en lo profético que broten de su propia frustración. Hacer esto puede sacar completamente lo profético de la iglesia. Algunos líderes llevan una gran cantidad de inseguridad en los dones del Espíritu y se sienten aún más inseguros en cuanto a que los miembros de su iglesia los activen. Si siente que su capacidad de ministrar en lo profético simplemente nunca crecerá en su actual iglesia, entonces necesita orar para saber si esa será su iglesia a largo plazo. De lo contrario, corre el riesgo de ofenderse con la iglesia, y luego se meterá en problemas con Dios. Tendrá que llegar a un acuerdo con el hecho de que tendrá que fluir con esa iglesia y gozarse mientras lo hace.

Los buenos líderes necesitan establecer unos límites adecuados que promuevan un canal saludable por el que la gente pueda avanzar en lo profético, especialmente para quienes están particularmente orientados a ello. Sin embargo, no sea insistente con su pastor, y dele tiempo para desarrollar las vías y programas adecuados para que florezca lo profético. Puede confiar en que él o ella lo harán, especialmente cuando esa persona ya ha exhibido un corazón para profetizar a la gente o ser usado en esos dones. Como Moisés, los líderes tienen el encargo de parte de Dios de facilitar adecuadamente límites y limitaciones que fomenten la voz de Dios, como lo hizo Moisés en la montaña.

Por eso, si pretendemos ministrar los secretos de Dios a alguien que no conocemos fuera de la iglesia o a alguien que no es creyente, entonces ¿cómo nos aseguramos de "guardarnos" y hacerlo correctamente? Estas son algunas pautas para ayudarle:

1. *Asegúrese de que su capacidad para ministrar los secretos de Dios ha sido probada primero dentro de su iglesia.* Antes de lanzarse a ministrar a otros fuera de la iglesia, especialmente a los no creyentes, necesita practicar dentro de la iglesia. Deje que su pastor y otros líderes señalados vean cómo funciona. Ellos necesitan ver no sólo cómo funciona usted en los dones, sino también cómo funciona como cristiano en general. No necesita tener mucha interacción personal con el pastor para lograr esto, tan sólo necesita vivir bien, involucrarse en la iglesia, estar en el lugar adecuado para crecer proféticamente y luego dejar que Dios le establezca. Créame, su pastor y sus líderes finalmente se darán cuenta de su compromiso y capacidad, y verán su fruto demostrado.

2. *Asegúrese de no estar ministrando de una forma que atraiga la atención a usted mismo y la aparte de Jesús.* Algunas personas hacen cosas raras cuando profetizan. Todos nosotros tenemos ciertos "ismos" cuando ministramos, pero tenemos que trabajar

duro para eliminar algunos de los más obvios. Yo he decidido trabajar en ellos en mi propia vida. Esa persona que no es de la iglesia (o incluso dentro en este caso) puede que no sea capaz de pasar por alto la extraña forma en que usted mueve su cabeza o aprieta sus ojos mientras les ministra. Para usted puede así sienta el poder y la unción, pero para otros puede parecer algo raro. Una vez oí a un ministro decir: "Si quiere crecer en cómo ministrar a otros, grábese en video y véase. ¡Se sorprenderá de lo que ve!". Cierta jerga habitual, frases de relleno y expresiones faciales pueden distraer a la gente y atraer la atención a usted. Acercarse demasiado al rostro de la gente cuando les habla, o gritarles, puede causar que la gente no reciba, y puede representarse mal a usted mismo, especialmente para una persona no creyente. No quiero volverle paranoico o tan rígido que no pueda mover un músculo cuando profetiza; sin embargo, debe deshacerse del comportamiento extra dramático.

3. *Asegúrese de no habituarse a estar "fuera de la iglesia" y solo todo el tiempo.* Ciertamente deberíamos ser capaces de ministrar las cosas proféticas de Dios en la calle. Esto es bíblico, y la gente en la Biblia ministraba fuera de los servicios de iglesia. Sin embargo, esa no debería ser su única vía para compartir los secretos de Dios. Algunas personas se habitúan a aprovechar las oportunidades en la parte de atrás de las iglesias, en los aparcamientos y en lugares similares para compartir constantemente lo que *reciben*. No quiero decir con esto que nunca reciba una palabra de alguien mientras entabla una conversación con esa persona. Seamos claros; *somos* un pueblo profético, y la revelación puede venir en cualquier momento del día, no

obstante, el problema surge si su intención normal es hacerse usted mismo un hueco. Con esa intención, la gente termina siendo herida.

Este es el punto clave del asunto. ¿Está involucrado en experiencias proféticas dentro de los límites establecidos por el pastor, tales como en una reunión cuando le den la oportunidad o en una sesión de entrenamiento profético o grupos de discipulado? ¿Se ha tomado el tiempo de aprender de los programas que su iglesia tiene establecidos y de los protocolos para lo profético? Si su respuesta es *no* y está *siempre* fuera del radar de rendir cuentas y en el aparcamiento después de la reunión cuando usted profetiza, entonces puede que esté creando un problema al operar fuera de los límites que Dios quiere que siga.

Jesús enseñó límites y limitaciones en Lucas 10 dándoles a sus discípulos instrucción antes de enviarlos. Él no les quitó la idea de ministrar en el poder y dones de Dios bajo la atenta mirada de Él, tan sólo se aseguró de que le dieran cuentas y que tuvieran el entrenamiento adecuado antes de salir. No fue hasta después, después de seguir sus enseñanzas y su ejemplo durante tres años, que recibieron la oportunidad de hacer más por sí solos.

Note que Jesús les hizo un seguimiento yendo a lugares que ellos habían ido, y pudo ver si el fruto que dejaron tras ellos era beneficioso o perjudicial. Si ellos seguían sus límites y pautas, Jesús podría ver el fruto de su ministerio cuando llegara. Lucas 10:1 dice: "Después de estas cosas, designó el Señor también a otros setenta, a quienes envió de dos en dos delante de él a toda ciudad y lugar adonde él había de ir". Esos discípulos recibieron parámetros y se les confió ministrar según los mismos, sabiendo que Jesús vendría detrás para ver el bien que había logrado su ministerio.

Eli el sacerdote entrenó al gran profeta Samuel. Samuel ministró ante su líder mientras aprendía cómo oír y ministrar las cosas de Dios correctamente. "El joven Samuel ministraba a Jehová en presencia de Elí" (1 Samuel 3:1). He oído a gente decir: "Bueno, yo no tengo un buen pastor ni una buena iglesia donde poder aprender en lo profético". Puede que sea cierto, pero muchos usan ese motivo para no rendir cuentas a nadie e ir por ahí compartiendo las cosas de Dios sin nadie a quien someterse debidamente. Algunos usan esto como una excusa porque no quieren que nadie les ponga los límites y limitaciones debidos. Otros sienten que ninguna iglesia o pastor está debidamente cualificado para hablar sobre sus vidas o entender la peculiaridad de sus dones, con lo cual se autoproclaman intercesores, profetas y ministros que funcionan como cañones sueltos, disparando cuando y donde quieren.

Esta es una de las razones por las que muchos pastores no desarrollan salidas proféticas para los miembros de su congregación. Como tienen que controlar todos los pormenores que acompañan a la gente indisciplinada, en vez de crear un entrenamiento profético lo cierran del todo, y son ellos mismos u otros pastores de su equipo los que realizan toda la profecía. Claro, Elí no fue un gran ejemplo de mentor debido a las decisiones que tomó a la hora de disciplinar a sus propios hijos; sin embargo, Dios siguió usándole para entrenar a Samuel y, como resultado, Dios no permitió que las palabras de Samuel cayeran en saco roto.

Dios puede entrenarle para compartir sus secretos independientemente de su líder y su estilo de liderazgo si entrega su corazón a la visión de su iglesia y se compromete y rinde cuentas. Es imperativo que no vaya tan sólo compartiendo los secretos de Dios y hablando a las vidas de las personas *hasta que no haya recibido la guía, los consejos y los límites adecuados.*

En la iglesia que pastoreamos, nos encanta entrenar a gente para oír de Dios y darles la oportunidad de ser usados en los dones. Después, cuando han demostrado que pueden representar a Jesús adecuadamente, buscamos manera de ayudarles a compartir los secretos de Dios a otros de una forma adecuada y correcta.

Diferentes niveles de responsabilidad

Mirando de nuevo el ejemplo de Éxodo 19 y 24 de Moisés y los hijos de Israel en la montaña, podemos ver que no todos estaban en el mismo nivel de su experiencia o su autoridad delegada. Algunos tenían que permanecer al pie de la montaña mientras que otros tenían el acceso para obtener una revelación profética más cercana y profunda. Cuanto más alto subían en la montaña, mejor capacitados estaban para obtener una vislumbre de Dios, pero también se les requería una responsabilidad mayor y rendir cuentas.

Los límites y limitaciones establecidas por Dios en cada nivel eran por el bien espiritual de todos los involucrados. Por ejemplo, un pastor puede que no tenga que seguir unos límites idénticos a los de su congregación, pero tendrá otros límites que tendrá que cumplir que no se le requiere a la congregación.

Este principio está ilustrado en el ejemplo del río de Dios en Ezequiel 47. Había cuatro niveles diferentes en el río para poder medirlo. Este río habla del poder de Dios y de los diferentes niveles en que la gente ministra, cada uno requiriendo diferentes límites y limitaciones. Los niveles del río se medían por el tobillo, la rodilla, la cintura y un nivel que requiere que la persona nadase. Con cada paso había una nueva medida en el río, lo cual ilustra cómo necesitamos manejar adecuadamente las cosas de Dios. Tenemos que estar sometidos a la autoridad adecuada para medir nuestros pasos y carácter a medida que profundizamos. Cuanto más responsables seamos, mayor profundidad y responsabilidad recibiremos.

Cuanto más profundo avance en el fluir del río del poder de Dios, más disciplinado, entrenado, capacitado y preparado tendrá que estar. Como ocurre en un río natural, cuanto más profundo avanza, más rápida es la corriente. En las profundidades de Dios hay poco espacio para la carne, o si no uno podría hundirse. En cada nivel hay mayor exposición a la crítica, la inseguridad y el error. En los niveles más profundos, los errores en cómo ministra serán más perjudiciales y dañinos, porque normalmente ocurren en una plataforma ante muchas personas que les están mirando como un recurso de fiar de liderazgo y dirección en sus vidas.

Hay algunos ejemplos adicionales en la Escritura que señalan a las razones por las que necesitamos límites y limitaciones:

- Entender que porque profetice o sea profeta no significa que pueda funcionar como tal en cada escenario es un límite importante. "Muchas viudas había en Israel en los días de Elías...pero a ninguna de ellas fue enviado Elías, sino a una mujer viuda en Sarepta" (Lucas 4:25-26).

- Reconocer las diferentes expresiones del Espíritu Santo nos mantiene en los límites. "Hay diversidad de dones...diversidad de ministerios...diversidad de operaciones...pero a cada uno le es dada la manifestación del Espíritu para provecho" (1 Corintios 12:4-7).

- Hacer las cosas con amor es un límite. "Si yo hablase lenguas humanas y angélicas, y no tengo amor, vengo a ser como metal que resuena, o címbalo que retiñe" (1 Corintios 13:1).

- Saber que no tenemos todas las revelaciones todo el tiempo es un límite. "Porque en parte conocemos, y en parte profetizamos" (1 Corintios 13:9).

- Ver el verdadero propósito de la profecía es un ejemplo de un límite. "Pero el que profetiza habla a los hombres para edificación, exhortación y consolación" (1 Corintios 14:3).

- Apreciar que necesitamos a los que juzgan nuestro ministerio profético es un límite. "Los profetas hablen dos o tres, y los demás juzguen" (1 Corintios 14:29).

- El orden es un límite obligatorio. "Pero hágase todo decentemente y con orden" (1 Corintios 14:40).

- Saber que todos tenemos dones para ciertas áreas es un límite. "Y él mismo constituyó a unos, apóstoles; a otros, profetas; a otros, evangelistas; a otros, pastores y maestros" (Efesios 4:11).

PONER LAS PIEDRAS EN ORDEN

A veces nos enfocamos sólo en lo que ocurre cuando no seguimos unos límites adecuados, como en el caso de Moisés y la montaña. Sin embargo, ¿qué puede ocurrir cuando seguimos los límites establecidos por Dios y permanecemos dentro de ciertas pautas? La intención de Dios en el monte era manifestar su poder entre la gente. De hecho, su verdadero deseo era que la gente oyera su voz. ¡Él quería que oyeran sus secretos! Y esa sigue siendo hoy la intención de Dios. Estudiemos las cosas buenas que ocurren cuando estamos dentro de unas pautas adecuadas.

En 1 Reyes 18, Elías confrontó a los profetas de Baal en el monte Carmelo. Por la Escritura, sabemos que durante ese tiempo de la historia, las doce tribus de Israel estaban divididas, con diez de sus tribus asentadas en el norte y otras dos que conformaban el reino del sur. Sin embargo, Dios no vio a sus doce tribus de Israel divididas, lo cual vemos del ejemplo de Elías al colocar las doce piedras ordenadas juntas y refiriéndose a ellas como "Israel". "Y tomando Elías doce piedras, conforme al número de las tribus de los hijos de Jacob, al cual había sido dada palabra de Jehová diciendo, Israel será tu nombre" (1 Reyes 18:31).

Dios aún veía a Israel como una nación. Elías siguió sus instrucciones de poner doce piedras en orden, y como resultado, ¡descendió fuego del cielo! Mientras había desorden y falta de unidad, el fuego y la gloria de Dios no cayeron, ¡pero cuando se estableció el orden, el poder de Dios se manifestó! Algunas personas piensan que si se establece orden, se obstaculizará el fluir del Espíritu Santo, pero un lugar ordenado donde moverse poderosamente es justamente lo que necesita el Espíritu Santo.

Este mismo principio de orden se dio cuando la madre de dos de los doce discípulos quería que sus hijos tuvieran privilegios especiales. Eso provocó la ira de los otros diez discípulos, lo cual causó una disputa (Mateo 20:20-24). Esto ocurre en la iglesia hoy día, donde existe la competición, el orgullo y un aire de superioridad entre sus miembros. Algunas personas parecen más preocupadas con quién consigue sentarse en los lugares de importancia, quién consigue el mayor reconocimiento y quién da la mejor profecía. Esto causa división e impide que caiga el fuego de Dios.

Inicialmente, los discípulos de Jesús siempre parecían estar luchando por una posición prominente, lo cual creaba desorden entre ellos. De hecho, incluso perdieron un discípulo en el caos cuando Judas se suicidó tras traicionar a Jesús. Al final, quedaron sólo once de los apóstoles originales. Es importante recordar que el número doce en la Escritura a menudo simboliza el orden del reino de Dios. Como cuando Dios estableció el orden a través del altar de doce piedras de Elías en un Israel dividido, el reino de nuevo se desordenó a ojos de Dios cuando quedaron sólo once apóstoles. No fue hasta que reemplazaron a Judas por Matías y volvieron a ser doce apóstoles que descendió el fuego del Espíritu Santo. Los apóstoles representaban las mismas doce piedras que usó Elías en 1 Reyes 18. En 1 Pedro 2:5 se nos dice que somos ¡piedras vivas! Cuando las piedras están colocadas en orden —cuando los miembros del reino de Dios están en orden— sólo entonces puede descender el fuego de Dios, y es entonces cuando tendremos la manifestación del poder de Dios, como con Moisés, Elías y los doce apóstoles.

Otro ejemplo se encuentra en 2 Samuel 6. El rey David quería llevar el poder y la presencia de Dios de nuevo a Jerusalén para beneficio de todos, pero fue negligente con el orden y las pautas necesarias para transportar el arca. En lugar de llevar de vuelta el arca del pacto que albergaba la presencia de Dios a hombros de los sacerdotes, como Dios quería, David decidió llevarla de regreso situándola sobre un carro tirado por un buey. Esto parecía algo bastante inofensivo e inocente, ¿verdad? ¡Pues nada de eso! De repente el buey tropezó. Cuando un hombre llamado Uza sostuvo el arca para impedir que se cayera, murió (2 Samuel 6:6-7) ¿Por qué ocurrió esto? La Biblia dice que como David no siguió el orden del Señor, y en su lugar dependió de sus propias pautas, su desobediencia le costó la vida a Uza: "pues por no haberlo hecho así [como Dios ordenó] vosotros la primera vez, Jehová nuestro Dios nos quebrantó, por cuanto no le buscamos según su ordenanza" (1 Crónicas 15:13).

Por supuesto, la mayoría de nosotros sabemos cómo terminó la historia. Este trágico suceso hizo que David se enojase con el Señor, así que decidió llevar el poder de Dios a otro lugar (2 Samuel 6:8). El poder de Dios era para ser de bendición, pero cuando no se siguió el orden, tuvo unos resultados muy dañinos. Lo mismo ocurre con los secretos de Dios, los cuales son ordenados por Dios y necesarios hoy día. Han de ser para gran bendición, pero cuando se usan de manera contraria a las pautas debidas, a menudo resultan dañinos, haciendo que la gente desconfíe de los profetas o de los que profetizan. Esto lleva a muchos líderes a ofenderse, herirse y desconfiar de lo profético, y hacen lo mismo que hizo David cuando murió Uza: lo envían a otro lugar.

David envió el arca del pacto fuera de la casa de Obed-edom, por decirlo de alguna manera *la puso en una estantería*, y no quería tener nada que ver con ella. Más tarde David se dio cuenta que la casa de Obed-edom estaba siendo bendecida por el arca, lo cual hizo que restableciera el orden debido y llevara la presencia de Dios de nuevo a Jerusalén. ¡Esta vez sí fue una bendición!

Deje que este ejemplo de la vida de David sea de ánimo para

usted, y en vez de cerrar lo profético y evitarlo porque siente que demasiadas personas han sido heridas por el mal uso del don profético, tome la decisión de llevar de nuevo la presencia de Dios y lo profético a su vida y a la vida de su iglesia. Cuando David estableció el orden debido, el resultado para él fue una bendición. ¡El resultado hoy será la presencia de Dios y su voz obrando entre nosotros! Cuando se establecen unas pautas bíblicas y éticas adecuadas, el pueblo de Dios puede experimentar unos dones proféticos sanos y poderosos en sus vidas y en sus iglesias.

ENTRAR POR LA PUERTA

Jesús reiteró la necesidad de establecer unos límites en Juan 10:1: "De cierto, de cierto os digo: El que no entra por la puerta en el redil de las ovejas, sino que sube por otra parte, ése es ladrón y salteador". ¿Qué significa entrar por la puerta en relación con la decencia, el orden y los límites en lo profético? Entrar por la puerta en el redil es seguir el orden establecido por el pastor que lo cuida, de lo cual hemos estado hablando en detalle.

La mayoría de los rediles en los tiempos de Jesús tenían sólo una puerta, y la única manera de entrar y salir era pasar por el pastor. De esta manera, el pastor podía proteger mejor las ovejas de cualquier daño del exterior, como los lobos. ¡Cualquiera que intentara entrar por algún otro lugar sería considerado ladrón y salteador según este versículo! En otras palabras, hay una lugar señalado para entrar al redil, o para entrar en la iglesia. Cuando la gente intenta infiltrarse sin ser vistos, se les considera ladrones y salteadores.

Los ladrones y salteadores entran con sus propias reglas y métodos. Normalmente quieren mantenerse ocultos de la persona a cargo pero buscan tener acceso a las ovejas. Como mencioné anteriormente, algunos de los llamados *profetas* van por ahí dando palabras proféticas sin dejar que les revisen ni a ellos ni sus palabras, y buscan sólo poder reclamar como suyas las cosas preciosas de la iglesia. Le roban a la gente y a la visión de esa iglesia.

Los ladrones y salteadores normalmente son indisciplinados y despreocupados con el uso de la puerta. Realmente no les importa cuáles son las reglas de la casa, ya que establecen sus propias reglas. He tenido que tratar con personas que tienen un espíritu de ladrón y salteador en la iglesia que pastoreo. Una mujer una vez dijo que era profética y que quería profetizar a la congregación el primer domingo que asistía a mi iglesia. Cuando llegó, inmediatamente le preguntó a uno de nuestros líderes que en qué lugar del frente se podía sentar para poder profetizar. Decía que el Señor le había dicho que esta era su iglesia y que yo era su pastor.

Yo ni siquiera conocía a esa mujer; no obstante, fue claro para mí que ella no tenía ninguna intención de ser una bendición. Aunque no había sido probada, quería tomar a gente a un lado y darles una palabra sin que yo supiera nada al respecto. Sentía la necesidad de profetizar y de enviar cartas y correos electrónicos llenos de su punto de vista *profético*. ¡Este es el espíritu del ladrón y salteador!

Finalmente tuve que confrontarla y decirle que su comportamiento no era el apropiado. Le expliqué que no dejamos que nadie profetice a la congregación nada más llegar ni a ningún individuo de la iglesia sin que yo y nuestro liderazgo conozcamos a esa persona y sin que esa persona antes no haya recibido un entrenamiento que tenemos establecido. Si usted quiere hablar a las vidas de las personas Dios ha puesto bajo mi supervisión, me gustaría saber primero un poco más de usted. A fin de cuentas, como pastor, ¡tengo que cuidar bien del rebaño de Dios!

Ella no recibió las pautas que yo establecí y sintió que yo no la veía de la forma que Dios la veía. Su necesidad de atención y su comportamiento desordenado dejaron claro este hecho. Incluso envió palabras de corrección a la iglesia, y deshonró la *puerta* de entrada a nuestra iglesia; ella quería tener tan sólo su propio momento, robando lo que le pertenecía a otro.

Las personas como esta señora cumplen lo que Jesús dijo en Mateo 12:30: "El que no es conmigo, contra mí es; y el que conmigo no recoge, desparrama". Este versículo describe cómo se sienten muchos pastores. Al igual que Jesús, necesitan gente que les ayude a edificar la visión y buscar promover la unidad, y no los que luchan por su propia independencia. Como pastor, puedo reconocer a los que no entran por la puerta. Estos no desean juntar, sino desparramar, no están ahí para buscar la unidad o ayudar a edificar la iglesia local, sino para hacer algo separado, independiente y sin dar cuentas a nadie y desparramar a otros por medio de la autopromoción. Estos que desparraman son quienes hacen cosas usando su propio paquete de reglas, y es por causa de estas personas que otras desconfían de lo profético.

Podemos ver el ejemplo de Jesús en Mateo 23:37-38. Él intentó juntar y proteger a la gente enviándoles profetas, pero el pueblo no les recibió ¡sino que les mató! "¡Jerusalén, Jerusalén, que matas a los profetas, y apedreas a los que te son enviados! ¡Cuántas veces quise juntar a tus hijos, como la gallina junta sus polluelos debajo de las alas, y no quisiste! He aquí vuestra casa os es dejada desierta."

Jesús estaba retratando un cuadro de la seguridad que se obtiene en lo profético cuando se experimenta bajo las pautas que Dios envía y adjunta. Está diseñado para ofrecer una cobertura que una y promueva el orden y la unidad, pero al rechazarlo, la casa de Israel quedó desierta. Nos enfrentamos al mismo resultado cuando no promovemos el orden profético y los límites correspondientes. La gente puede quedar herida y confusa. Los líderes e iglesias se quedarán con el hueco de lo profético si no establecen orden y seguridad. El mal uso desparrama y mata las cosas proféticas de Dios.

¿Cómo podemos promover el orden profético correcto en nuestras vidas e iglesias? Si es usted un líder, debería crear un redil seguro que establezca los dones bíblicos del Espíritu con resultados asombrosos. Si es un miembro de la iglesia, debería intentar promover el bien del reino antes que sus propios planes. Aquí tiene algunas cosas adicionales que tanto el líder como la gente pueden hacer para ayudar a que lo profético fluya correctamente.

Haga todas las cosas en amor

La Biblia nos dice que hagamos todas las cosas en amor. El amor promueve a otros antes que al yo. Promueve la unidad. El amor es siempre el principio más importante para ministrar los secretos de Dios. El apóstol Pablo dijo que si teníamos los dones del Espíritu operando en nuestras vidas pero no los ejercíamos en amor, tan sólo estábamos haciendo ruido como un címbalo (1 Corintios 13:1). Aprender y enseñar a la gente a caminar en amor ayudará a promover el orden. El amor está claramente definido en 1 Corintios 13:4-8. Esta versión nos da un relato muy detallado de estos poderosos versículos:

> "El amor es sufrido, es benigno; el amor no tiene envidia, el amor no es jactancioso, no se envanece; no hace nada indebido, no busca lo suyo, no se irrita, no guarda rencor; no se goza de la injusticia, mas se goza de la verdad. Todo lo sufre, todo lo cree, todo lo espera, todo lo soporta. El amor nunca deja de ser; pero las profecías se acabarán, y cesarán las lenguas, y la ciencia acabará [perderá su valor y será desbancado por la verdad]".

Si aplicáramos esta definición a los secretos proféticos y cómo ministrarlos, crearía un respeto más saludable por lo profético. Nos ayudaría a profetizar de una manera paciente y amable. Nos entrenaría en cuanto a lo profético para no ser envidiosos, celosos y orgullosos con las demás personas. Cuando expresamos un secreto profético, no deberíamos mostrarnos arrogantes o sin buenos modales. Cuando deseamos ministrar los secretos de Dios en amor, no deberíamos insistir en nuestra propia manera y derechos, ni buscar nuestro propio bien, o tener resentimiento o ser susceptibles. Imagine lo que ocurriría si quienes queremos ministrar los secretos de Dios practicáramos esto. ¿O qué tal si nosotros como líderes hiciéramos de esto un estándar para todos los que desean profetizar? Yo creo que los secretos de Dios deben manifestarse decentemente y con orden.

Disciplina

La disciplina viene al ser guiado por el Espíritu Santo, revisando nuestros motivos, y estando sometidos a la autoridad debida. También es importante que estemos dispuestos a estar dentro de ciertas pautas, aun cuando no encajen en nuestras preferencias en ese momento. La disciplina y el crecimiento van juntos. Los niños necesitan disciplina y entrenamiento para hacerles adultos equilibrados, y lo mismo ocurre con los que están creciendo en lo profético. Dependiendo de la edad del niño y su comportamiento, se aplican diferentes medidas disciplinarias y límites, y lo mismo ocurre con los que están en diferentes sitios y lugares en lo profético. A veces es un tiempo quieto y a solas. En otras palabras, puede que no haya libertad para profetizar hasta que una persona madure y el líder sienta que esa persona ya ha demostrado un buen comportamiento. Otras veces puede que sea necesaria una disciplina diferente. Aunque las personas de nuestras iglesias no son niños en lo natural, y no estoy sugiriendo que los líderes les traten como tales, es crucial que aprendan los principios de la disciplina bíblica.

Para entrar por la puerta y funcionar correctamente, debemos estar abiertos al proceso de crecimiento, el cual puede requerir una disciplina adecuada en amor que guíe el proceso de madurez. La disciplina trae el entrenamiento adecuado en amor.

Equipar

Hay muchos que quieren entrar por la puerta de una iglesia y aprender a ministrar eficazmente los secretos de Dios. Quieren hacer lo correcto pero no tienen nadie que les equipe o entrene. Como líderes, debemos dar las herramientas, enseñanzas, principios y oportunidades a la gente para que aprenda, crezca y tenga éxito ministrando los secretos de Dios. No podemos hablar negativamente de los que no manejan bien la profecía cuando hacemos muy poco para equiparlos. Es importante, también, para los que quieren aprender a oír y ministrar los secretos de Dios que estén bien equipados. Tenga en mente que el proceso de equipamiento puede variar dependiendo de las iglesias, y que sólo porque usted fuera entrenado de una cierta manera en una iglesia no significa que el siguiente pastor le reciba de la misma forma. Nunca deje de estar dispuesto a crecer y aprender dondequiera que esté.

El proceso de entrenamiento puede parecer intimidatorio y aterrador para los que quieran ser entrenados, por eso lo mejor es proveer la seguridad de unas clases especiales para equipar a la gente. Sesiones de entrenamiento profético, grupos de discipulado y clases dan a la gente un entorno más pequeños y les hace sentir menos nerviosos por el hecho de cometer un error. Es mejor cometer errores al profetizar ante unos pocos que están aprendiendo juntamente con usted ¡que ante una multitud!

Los grupos pequeños también proporcionan la oportunidad de afirmar y valorar a los que están intentando y quieren aprender a profetizar correctamente. Dígales que están haciendo un buen trabajo cuando así lo hacen, y cuando sienta que verdaderamente están oyendo del Señor, dígaselo. Esto es de ánimo para aquellos de quienes esperamos que sigan un protocolo adecuado y que rindan cuentas. No se centre sólo en los errores, sino céntrese también en lo bueno. Anímeles a seguir lanzándose. Los líderes deben dejar claros los límites y las pautas para los que están creciendo en su don.

LA VOZ DE LOS EXTRAÑOS

Este es otro concepto importante en Juan 10, donde Jesús estaba hablando sobre el redil.

> "Y cuando ha sacado fuera todas las propias, va delante de ellas; y las ovejas le siguen, porque conocen su voz. Mas al extraño no seguirán, sino huirán de él, porque no conocen la voz de los extraños."
>
> —JUAN 10:4-5

Por alguna razón, la gente tiene tendencia a escuchar a gente que no ha sido probada en las cosas espirituales antes que a los que tienen a su alrededor que han demostrado ser dignos de confianza. Algunas personas prefieren escuchar las ideas, el sermón o la profecía de un completo extraño antes que a quienes ya conocen de años. Por ejemplo, escogen creer la opinión de algún ministerio en la Internet que no conocen personalmente antes que la voz de quien es su pastor desde hace ya diez años. Creo que esta tendencia se debe principalmente al problema en la naturaleza humana de familiarizarse y aburrirse con lo que tenemos delante cada día. Nos asombra e hipnotiza lo nuevo y espectacular.

No quiero decir con esto que no podamos profetizar o recibir una profecía de alguien que no conozcamos, pero tenemos que ser sabios con lo que recibimos de los que no conocemos. Le decimos a nuestros hijos que tengan cuidado con los desconocidos, y no lo hacemos por sospecha o un deseo de controlarlos, sino para dar unas pautas y promover límites con nuestros hijos que les mantengan a salvo. Esto sirve también para los líderes que quieren entrenar a gente en lo profético. No es sabio aceptar las halagadoras palabras de un desconocido más que las de un líder de confianza a quien se esté sometido.

He visto este caso en algunas personas de mi iglesia. Por ejemplo, hace años una pareja de mi iglesia quería casarse, pero no sentía paz con ello en mi espíritu. Después de buscar al Señor en relación con este asunto, me convencí de que no debían casarse, y les dije que yo no podría oficiar su ceremonia. Ellos no escucharon mi consejo y tomaron el consejo de un amigo que insistía en que me estaba equivocando con ellos. El amigo aconsejó a la pareja que se casara, lo cual hicieron por lo civil. Su matrimonio sólo duró un corto periodo de tiempo, y más tarde se divorciaron. Si hubieran escuchado a su pastor en vez de a ese extraño, no se hubieran casado.

En otra ocasión, vino una mujer de visita a la reunión de entre semana de nuestra iglesia y de repente me interrumpió al final de la reunión para darme una profecía. Normalmente no permito que los visitantes profeticen, y mucho menos que me interrumpan en el púlpito, pero pude ver que la persona no era de este país por el acento que tenía. Yo fui paciente con ella, dándome cuenta de que no sabía nuestras pautas habituales.

En principio pensé en detenerla, pero la palabra parecía certera y trajo testimonio en mi corazón de que podría ser del Señor. Simplemente no tuve en cuenta el hecho de que esta persona no entendiera nuestro protocolo. Decidí escuchar la palabra y oír cosas que parecía venir del Señor. Después de la reunión, me reuní con la mujer y le dije que su palabra fue de ánimo tanto para mí como para la gente.

Sin embargo, también le dije educadamente que no debía interrumpir la reunión, y le expliqué cómo hacemos las cosas en nuestra iglesia. Le dije que animábamos lo profético pero con ciertas pautas saludables. Esta persona siguió viniendo durante los servicios de mitad de semana y volvió a intentar hacer lo mismo, ignorando completamente lo que le dije claramente sobre las pautas de nuestra iglesia.

Dejé que profetizara la segunda vez, esta vez totalmente fuera de carácter para mí, pero nuevamente, como era de otro país, pensé que quizá no me entendió la primera vez. Además, la primera vez su palabra fue poderosa y me bendijo.

La tercera semana intentó interrumpirme al terminar la reunión, y eso colmó el vaso, así que le dije a esa persona desde el púlpito que tenía que dejar de interrumpirme al final de las reuniones y que debía someterse a la autoridad pastoral adecuada. Le dije que no volviera a profetizar en nuestra iglesia hasta que no se sometiera a la autoridad. Normalmente no me gusta corregir a alguien públicamente, pero ella no me dio otra opción. Nunca volvimos a ver más a esa desconocida.

Creo que tenía un don legítimo, pero no había sido enseñada adecuadamente y tampoco estaba dispuesta a que le enseñasen. Nunca aprendió cómo entrar por la puerta y honrar al que está en autoridad. Era obvio que no estaba allí para el beneficio de mi iglesia sino sólo para ella misma y su don, queriendo que yo renunciara a años de duro esfuerzo, oración y ayuno por sus tres palabras proféticas. El problema es que con demasiada frecuencia la gente comienza bien, con una palabra que parece precisa, y luego termina mal, queriendo ser el centro de atención. El pastor es quien tiene que limpiar el lío o intentar explicar la verdad al rebaño cuando se les dice algo mal.

En una ocasión, estábamos mi familia y yo sentados en casa para comer, cuando un desconocido entró en nuestra casa sin aviso. Sentimos que un extraño que entra con convicción sin llamar o sin haber sido invitado había violado el orden de nuestra casa. En el caso de ese extraño fue un accidente, ya que se encontraba visitando a un amigo que le había explicado por teléfono cómo entrar cuando llegara, ¡pero accidentalmente entró en otra casa! Sin embargo, cuando ocurrió por primera vez, reaccioné a la defensiva y me preparé inmediatamente para una confrontación.

Eso es lo que hacen los desconocidos a los pastores y la gente cuando entran en una iglesia de la misma manera. La gente se inquieta simplemente porque no les conocen ni a ellos ni sus intenciones. A nadie le gusta sentirse violado, molestado o incomodado por alguien a quien no conoce. Tenemos que asegurarnos de no entrar a empujones en las iglesias o las vidas de las personas como hizo este desconocido. Recuerde: tenemos que entrar por la puerta, necesitamos ganar la confianza y ser probado en la iglesia sin importar en qué área del ministerio participemos.

Incluso Jesús está a la puerta y llama en el libro de Apocalipsis. Él no fuerza su entrada en la puerta de nuestro corazón (Apocalipsis 3:20).

¿Sabe que Natán el profeta entró por la puerta cuando vino a hablar al rey David? Cuando David cometió adulterio con Betsabé y luego hizo que mataran a su marido e intentó encubrirlo, el profeta no entró corriendo delante del rey, haciendo una confrontación a gritos, sino que conocía sus límites y limitaciones con los secretos de Dios. De hecho, Natán no era un desconocido para David, sino un profeta probado y de confianza al que David conocía bien. No era algún profeta al azar que decidió parar en la corte de David, y no creo que Dios use individuos al azar para enviar palabras de corrección o represión a los pastores, líderes y personas en lugar de autoridad. Si Dios va a darle este tipo de represión, será a través de gente con un ministerio probado y/o ¡una vida en consonancia! Yo nunca me guardo las profecías de personas de las que nunca he oído nada y que llegan por vía email, correo u otros métodos, especialmente si las palabras son de represión, ya que eso es poco respetuoso y algo fuera de orden.

Natán se acercó a David como un caballero. No llegó de manera intrusiva o sin modales, ya que conocía sus límites y limitaciones con los que están en autoridad. Él no escondió el polvo debajo de la alfombra, sino que con gran sabiduría, respeto y honor, dio su palabra profética sobre el pecado de David en forma de una historia.

Podemos aprender de él cómo tratar a los que están en autoridad en nuestra vida. No deberíamos acercarnos al pastor, o a cualquier otro en este caso, con métodos que estén fuera de orden, ni deberíamos entrar a empujones en las iglesias y esperar que nos den el derecho de dar una voz de dirección para esa iglesia. No estamos ahí para profetizar con la idea de exponer los pecados de la gente, pronunciar juicios contra ellos o condenarlos, ya que este tipo de comportamiento es indecente y desordenado. Cuando Natán, un profeta de confianza de su día, llegó enviado por Dios con respeto, honró no sólo a David, sino también a Dios.

Otro ejemplo de esto se encuentra en la casa de Isaí, el padre de David. Samuel el profeta le preguntó a Isaí si estaban todos sus hijos presentes para que les profetizase: "Entonces dijo Samuel a Isaí: ¿Son éstos todos tus hijos? Y él respondió: Queda aún el menor, que apacienta las ovejas. Y dijo Samuel a Isaí: Envía por él, porque no nos sentaremos a la mesa hasta que él venga aquí" (1 Samuel 16:11). La palabra del Señor era que fuera a la casa de Isaí. Samuel obedeció, pero fue de forma respetuosa a través de Isaí, el padre de la casa, antes de ministrar a sus hijos. Él usó límites y limitaciones. Samuel no llegó como un desconocido y actuó como un ladrón y un salteador. Para que pudiera profetizar, Isaí tenía que darle a Samuel la libertad de hacerlo.

Si deseamos compartir los secretos del Señor, debemos ser como los profetas Samuel y Natán. Debemos honrar el reino de otro hombre y su casa. Esto hará que no seamos desconocidos que llevan el espíritu del ladrón y del salteador, sino un vaso escogido, fiable y honorable para que el Señor nos use. Obtendrá el honor de Dios y el honor de aquellos a los que ministre.

GALLOS, BURROS Y BALLENAS

Para terminar este capítulo sobre límites y limitaciones en lo profético, quiero darle alguna enseñanza breve sobre cómo Dios volverá a poner en orden a los que rehúsan. Es evidente en la Escritura que si la gente rehúsa escuchar las instrucciones de Dios o sus líderes, el Señor usará otras cosas para hacer que vuelvan al orden, los límites, las limitaciones y la obediencia. En la Biblia, Dios usó las bocas de un burro, un gallo y una ballena para hablar proféticamente a los que necesitaban ser llamados al orden. Suena gracioso ¡pero es verdad!

Dios usó animales en la Biblia, pero estos ejemplos tienen un cuadro profético para nosotros hoy.

El gallo—Mateo 26

Jesús le dijo a Pedro que después que le negara tres veces, un gallo cantaría. El sonido de un gallo fue un recordatorio para Pedro de lo que Jesús había profetizado anteriormente. Cuando lo oyó, tuvo que preguntarse: "¿Estoy para el reino de Jesús, o voy a negarlo cuando tenga la oportunidad?". Dios hará esto mismo hoy usando a nuestros líderes para ayudarnos correctamente en las cosas proféticas de Dios. El ejemplo del gallo cantando nos despierta a nuestros motivos e intenciones.

Dios usará ciertas situaciones, como el canto de un gallo, para probar los motivos de su corazón. ¿Está listo para la visión de Dios en la iglesia a la que asiste? ¿O, si tiene la oportunidad, negaría la visión para promover su propia agenda? La gente a menudo dirá casualmente: "Me encanta la visión de esta iglesia, y me encanta usted, pastor". Pero puede que sea diferente una vez que hayan sido probados sus corazones. Hoy día, un ejemplo del canto de un gallo podría ser cuando el pastor le pide que se tome una temporada de descanso en su profecía o ministerio hasta que obtenga algún entrenamiento, reposición y desarrollo en algún área de su vida. Todo su interior quiere discrepar con su punto de vista ¡porque siente que ha sido llamado a hablar! ¿Puede oír el canto del gallo? Estos cantos son para probar su corazón y sus motivos.

El burro—Números 22

Balaam era el profeta de Dios que siguió entregando los secretos del Señor en mano del enemigo. Estaba usando las cosas proféticas de Dios para su propia ganancia personal, compromiso e incluso traición del pueblo de Dios, y eso enojó a Dios. Así que Dios abrió la boca de un burro para hablar al profeta Balaam. Como cuenta la historia, su burro había visto a un ángel que seguía cortando el camino del burro, ¡haciendo que le diera a este profeta rebelde un viaje un tanto accidentado! Al principio, Balaam no vio al ángel y se enojó con el burro. Le golpeó tres veces con una vara, y finalmente, el burro hablo y le dijo a Balaam que lo que estaba haciendo estaba mal. Proféticamente, el Señor estaba usando al burro para obstaculizar las acciones comprometidas del profeta y ponerle en orden.

Claro, sabemos que los burros también son un símbolo de terquedad, religión y rebelión. Cuando somos testarudos, Dios se interpone en nuestro camino y obstaculiza nuestras acciones. Oímos al burro hablar cuando estamos en un determinado camino, y sabemos que necesitamos hacer cambios, pero rehusamos. Queremos hacer lo que queremos y nos gusta hacer, y razonamos que esa es la voluntad de Dios para nosotros. Por ejemplo, la gente oye la enseñanza sobre la necesidad del entrenamiento profético y la necesidad de estar conectado a la iglesia correcta, pero aún así rehúsa, razonando por qué ese tipo de límite no funcionará para ellos. Normalmente hay ciertos pecados en la mezcla con los que no quieren tratar.

Cuando oye mensajes que le retan a cambiar, responda a ellos, o de lo contrario se seguirá sintiendo obstaculizado en su don y se verá incapaz de ser usado de la manera en que Dios quisiera que lo fuera. Dios *obstaculizará* su camino cuando se dirija hacia la transigencia. No sea tozudo ni se enfade ni dé golpes como lo hizo Balaam, sino sea moldeable y dispuesto a cambiar. La boca del burro es para llevarnos de regreso al camino. Cuando somos obedientes, somos dignos de confianza para manejar los secretos del Señor de forma honorable.

La ballena—el libro de Jonás

Jonás, un profeta del Señor, recibió la orden de ir a Nínive y decirle a la gente de esa ciudad que se arrepintiera porque en cuarenta días serían juzgados. Al principio, Jonás rehusó obedecer al Señor. Jonás corrió a una ciudad llamada Tarsis, conocida por su comercio y riqueza. Jonás corrió hacia donde era más cómodo y fácil. Para su sorpresa, Dios tenía una ballena esperando para tragarle ¡antes de que pudiera llegar a su destino vacacional! Algunas personas quieren los secretos proféticos del Señor con demasiada facilidad. Quieren ser usados por Dios mientras no les requiera demasiado sacrificio. Otros quieren ser usado por Dios y sólo tomarán atajos para llegar allí. Quieren profetizar, pero no quieren tomarse el tiempo para orar, entrenar, enseñar y estudiar, y tampoco quieren ningún tipo de compromiso. Quieren ir a iglesias, entrar de sopetón, estallar e irse. En otras palabras, entran, profetizan y se van a la siguiente plataforma gratis y fácil.

Dios obligó a Jonás a hacer exactamente lo que él no quería hacer. Cuando intentó evitarlo, Dios envió una ballena para tragarle. Estoy seguro que no fue nada fácil ni placentero pasar tres días en el estómago de una ballena. ¡Eso sí es incomodidad e inconveniencia!

Probablemente eso hizo que lo de ir a Nínive pareciera nada. A veces hacemos nuestra vida más difícil que el sacrificio que Dios nos había pedido hacer. Proféticamente, el Señor usa la boca de una ballena para hablarnos. Se encontrará en la boca de la ballena sin saber adónde ir si sigue evitando los sacrificios que Dios le pide que haga, y estará volviendo a visitar los mismos asuntos hasta que se quebrante y haga lo que Dios quiere.

Por eso algunas personas van de iglesia en iglesia, y les siguen los mismos problemas y asuntos en cada lugar que van. Quieren evitar el sacrificio que Dios quiere que hagan, y se enfadan con el último pastor por tratarlo, pero el asunto sigue ahí. Hasta que no hagan el sacrificio necesario, nunca entrarán en lo que Dios tiene para sus vidas. Hágase esta pregunta: ¿Quiero vivir una vida fácil y cómoda, amando las cosas del mundo pero desobedeciendo a Dios? Muchos preferirían hoy desobedecer y vivir en la comodidad de Tarsis que ser entrenados y equipados para transformar vidas y ciudades como Dios quería que Jonás hiciera en Nínive.

Lo que Dios quiere

Los límites y limitaciones no están para ahogar, obstaculizar, manipular y poner reglas innecesarias y estipulaciones en lo profético. Dios quiere traer el orden debido en su vida, el cual permitirá que fluya el poder de Dios a través de usted y que usted sea una bendición para otros.

Sabemos que Dios está hablando hoy, y quiere hablarnos. Usted puede oír su voz e incluso compartir sus secretos. Cuando aplique los principios de este capítulo, verá que hay un beneficio por seguir el orden debido. De hecho, aumenta la manifestación del poder de Dios. Anímese hoy a lanzarse y ministrar el evangelio. Intente oír su voz y aprender las pautas debidas y será un vaso más preparado, listo para oír y compartir los secretos del Señor.

FALSOS PROFETAS, FALSAS PROFECÍAS Y ERRORES PROFÉTICOS

Porque en parte conocemos, y en parte profetizamos.

—1 Corintios 13:9

"¡S E ESTÁ RETIRANDO DE LA CARRERA!". LAS PALABRAS me sorprendieron mientras me sentaba y miraba fijamente a la televisión. El candidato que yo profeticé que sería presidente se estaba retirando de la carrera.

"¿Cómo podía haberme equivocado?", me preguntaba. El Señor me ha usado en incontables ocasiones para profetizar con precisión sobre muchas elecciones de varias naciones, y ahora parecía que había cometido un grave error.

No tenía un interés personal en este candidato sobre el que profeticé. Trabajé duro para profetizar lo que creía que Dios estaba diciendo, sabiendo que lo que Dios está diciendo no siempre es lo que el Señor quiere que ocurra. Así que, en este caso, no sentía que había fallado por profetizar erróneamente por un deseo personal porque ese candidato fuera elegido. Los profetas tienen que profetizar los hechos que sucederán, representen o no sus propias preferencias.

Había conocido a ese candidato personalmente y compartido lo que creía ser la palabra del Señor para él. Aunque generalmente no dije su nombre desde la plataforma mientras profetizaba, dejé entrever fuertemente desde muchas plataformas nacionales que sentía que él era quien ganaría. En otra ocasión, compartí privadamente con gente quién creía que sería el próximo presidente. Ahora me enfrentaría a un aluvión de preguntas, tanto de otros como de mí mismo. ¿Me habría confiado en exceso? ¿Volvería ese candidato a presentarse? ¿Cómo se llevaría a cabo esta palabra del Señor? ¿Sería para otro momento? ¿Metí totalmente la pata? Todas esas preguntas estaban en mi corazón porque siempre quiero representar bien a Jesús y hacer lo correcto. Inmediatamente llamé a mi pastor, a algunos otros líderes nacionales y también a los líderes de mi propia iglesia. Quería que supieran que parecía que había fallado y que estaba dispuesto a humillarme si era necesario.

Sabía que los que más me amaban —mi familia y los miembros de mi iglesia— son siempre los más comprensivos, ¡y también sabía que siempre están los que quieren apedrearte cuando te equivocas! Y sí, había algunos que usaron esas palabras tan dolorosas que los que estamos en lo profético odiamos oír: "¡Eres un falso profeta!". Nadie quiere oír eso, pero probablemente se dirá de cada profeta en un momento u otro, ya sea que acierte o no.

La gente que cree que una profecía fallida equivale a un falso profeta a menudo lo insinúa. Esta clase de retórica ha existido durante años en relación con las cosas proféticas de Dios; sin embargo, esto no ocurre con los profetas o profecías de hoy. Permítame enfatizarlo: *una profecía errónea no le hace ser un falso profeta.* Como discutiremos después en este capítulo, esta idea no sólo no es bíblica, sino que también ha impedido que muchas personas bienintencionadas se atrevan a compartir los secretos del Señor correctamente.

En la Biblia, muchos de los profetas de Dios fueron apedreados injustamente porque sus profecías parecían erróneas o parecía que no ocurrían de la forma esperada. Otros fueron apedreados o sentenciados a muerte porque la gente que les oía simplemente rehusaba recibirlas como palabras del Señor.

Bajo el tipo de escrutinio que viene hoy día con lo profético, sería fácil querer arrojar la toalla y dejar de compartir los secretos proféticos. ¡Eso es exactamente lo que quiere el enemigo! No quiero decir que podamos profetizar cualquier cosa sin rendir cuentas y esperar que suceda, pero mucha gente apunta con el dedo demasiado rápido y hace juicios apresurados. Hay muchos esperando en la sombra para gritar *herejía y profecía falsa* siempre que una palabra parece que no ocurre como parecía que lo haría. Están esperando tomar alguna piedra de acusación para desacreditar a los ministros buenos y honrados y al ministerio profético. No deberíamos estar tan prestos a desacreditar a los que profetizan, especialmente si han demostrado un carácter como el de Cristo y el fruto de un historial acreditado.

Simplemente no podemos etiquetar a alguien como falso profeta basado en si sus profecías son certeras o no. Para empezar, ¿sabe que la Biblia revela algunos falsos profetas que dieron profecías que sucedieron? ¡Sí! ¡Los falsos profetas pueden —y lo hacen— profetizar con precisión! El hecho de que una profecía se cumpla o no, no es nuestra principal vara medidora, no es la principal forma de juzgar la legitimidad de un profeta, y le daré muchos ejemplos bíblicos para mostrarle que esto es cierto.

A veces la gente sólo quiere acusar o apedrear a los profetas simplemente porque no les gusta lo que el profeta tiene que decir, y por esa razón, rápidamente le etiquetan como falso profeta. Jesús mencionó este hecho en Mateo 23:34, 37: "Por tanto, he aquí yo os envío profetas y sabios y escribas; y de ellos, a unos mataréis y crucificaréis... ¡Jerusalén, Jerusalén, que matas a los profetas, y apedreas a los que te son enviados!". Ellos apedrearon injustamente al portavoz de Dios. Desgraciadamente, esto no ha cambiado hoy día, y se ha escrito, hablado y mentido mucho injustamente de muchos de los siervos de Dios en un apedreamiento moderno, por decirlo de algún modo.

De hecho, incluso Jesús fue acusado de ser un falso profeta. ¿Qué locura es esta? Muchos querían apedrear a Jesús por las cosas que hizo ¡y Él siempre profetizó correctamente! Sus palabras fueron ciertas y su estilo de vida agradable a Dios, pero la gente pensaba que era falso. Note algunas de las cosas por las que falsamente le acusaban:

- Dijeron que sus milagros eran falsos y del diablo (Mateo 12:24).

- La gente se quejaba de sus enseñanzas y no estaban de acuerdo con ellas (Juan 6:61).

- Sus propios hermanos pensaban que estaba loco y no le creyeron (Juan 7:5).

- Intentaron apedrear a Jesús en Judea (Juan 11).

¿Alguna vez se ha preguntado por qué le vendaron los ojos a Jesús en el trayecto a su crucifixión? Fue porque le estaban acusando de ser un falso profeta y se estaban burlando de Él: "Y los hombres que custodiaban a Jesús se burlaban de él y le golpeaban; y vendándole los ojos, le golpeaban el rostro, y le preguntaban, diciendo: Profetiza, ¿quién es el que te golpeó?" (Lucas 22:63-64). Estaban diciendo: "¡Si fueras un verdadero profeta, podrías decirnos quién es el que te golpea mientras tienen los ojos vendados!".

La verdad del asunto es que si la gente estaba dispuesta a acusar falsamente a Jesús de una manera tal, entonces puede estar seguro de que lo harán con los profetas de Dios de hoy día. La diferencia era que Jesús nunca cometió ningún error, y aun así fue acusado falsamente. Fue amenazado con ser apedreado, y muchas veces sus enemigos intentaron matarlo.

Así, ¿dónde nos sitúa esto a nosotros que estamos sujetos al error humano y deseamos ser usados por Dios para compartir sus secretos? ¡Seguro que el sólo hecho de pensarlo podría causarle escalofríos por la espalda y hacerle querer corre de miedo! Ahondemos en este asunto, y quizá podamos obtener algún consuelo.

EN PARTE CONOCEMOS Y EN PARTE PROFETIZAMOS

Hay muchas razones por las que las profecías puede que no sucedan. A veces es porque profetizamos erróneamente. Aunque tenemos un alto estándar de precisión, algunos de nuestros queridos estándares y expectativas han sido creados por el hombre, y no son bíblicos. Veámoslo con más detenimiento.

Comenzamos sabiendo que ninguno de nosotros lo sabe todo; es más, la Biblia dice: "Ahora vemos por espejo, oscuramente" (1 Corintios 13:12). Un par de versículos antes, dice: "Porque en parte conocemos, y en parte profetizamos" (versículo 9). En otras palabras, no hay una persona viva que lo sepa todo cuando profetiza o comparte la palabra del Señor. Creo que esa es la razón por la cual los profetas convivían en la Biblia. Eran conocidos como "una compañía de profetas" en 1 Samuel 10:5. Cuando pasaban tiempo juntos con las cosas de Dios, el cuadro profético, o lo que el Señor estaba diciendo, se hacía más completo. Por sí solos, cada uno tenía solamente una parte del cuadro. Es como un puzle con muchas piezas separadas; hasta que no pone todas las piezas juntas no puede entender claramente el cuadro.

Vemos que los profetas no lo saben todo en el ejemplo de Samuel cuando fue a la casa de Isaí para ungir al siguiente rey de Israel. Era un profeta muy certero, pero al principio comenzó a ungir a Eliab como el siguiente rey (1 Samuel 16:6-7), y el Señor tuvo que interrumpirle. ¡Samuel comenzó a ungir al que no era! Aun después de esto, Samuel aún no tenía todo el cuadro sobre David. No profetizó y dijo: "Hay uno que no está en esta habitación, y su nombre es David; ¡tráiganlo!". Lo único que sabía era que cuando Isaí trajo a sus otros siete hermanos ante él, algo no le encajaba con ninguno de ellos. Eso era todo lo que tenía del cuadro en ese momento. Tuvo que hacer una pregunta para obtener mayor claridad: "¿Son éstos todos tus hijos?" (1 Samuel 16:11). Esto revela el lado humano de todos aquellos por los que tiene que fluir cada secreto profético.

¿Y qué decir del profeta Eliseo que ministró a la mujer sunamita? Cuando ésta vino a él compungida, en principio no sabía que su hijo había muerto, así que le preguntó: "¿Te va bien a ti? ¿Le va bien a tu marido, y a tu hijo?" (2 Reyes 4:26). Hizo estas preguntas porque no sabía que le ocurría, y este profeta no era distinto a usted y a mí, y necesitó aún más claridad.

Como pueblo, en parte conocemos y en parte profetizamos, y esto se debe al hecho de que potencialmente podemos cometer errores, porque sólo vemos en parte y todavía no tenemos todas las revelaciones de lo que Dios pudiera estar diciendo. Por eso es sabio no gritar *falso* cuando parece que una palabra no se cumple. Es posible que el vaso humano cometiera un error en cuanto al tiempo, que perdiera una parte importante de la palabra, o incluso que de forma no intencional le añadiera algo de su propia cosecha. También debemos tener cuidado de dar un buen margen de tiempo para que la palabra se cumpla antes de suponer automáticamente que era falsa o que el que la daba estaba engañado. Sepa que cometeremos errores en nuestro caminar con Dios, y a veces incluso en los dones del Espíritu.

Por tanto, puede estar pensando: "¿Cómo puedo fiarme entonces de ningún profeta si siempre está sujeto a errores?". A medida que seguimos leyendo, creo que habrá algunas pepitas para ayudarle a responder a esa pregunta en su propio corazón.

A veces la razón por la que sólo vemos cierta parte es porque el Señor sabe que esa parte es todo lo que nuestra fe puede aguantar. "De manera que, teniendo diferentes dones, según la gracia que nos es dada, si el de profecía, úsese conforme a la medida de la fe" (Romanos 12:6). A menudo Dios le dará sólo una palabra que esté a la altura de su nivel de fe.

Recuerdo una vez cuando profeticé algo que parecía ser una profecía errónea. Más adelante descubrí que tan sólo estaba viendo parte de ella. Conducía de vuelta a casa después de la reunión con un amigo que estaba comenzando una iglesia en otra ciudad. Me preguntó si podía orar con él para encontrar un lugar para que se reuniera su recién formada iglesia. Le dije que sí, pero no estaba buscando una palabra profética para él, sino tan sólo tenía la intención de orar. Entrando en mi aparcamiento, orando aún, de repente el Señor me dio una visión. Vi un edificio y el nombre de la calle en el que se encontraba. Vi otros edificios además de ese, cosas como el nombre de una cadena de comida local y una escuela, y luego oí el nombre de una persona llamada Terry*. Le pregunté a mi amigo: "¿Conoces a alguien que se llame Terry?", y dijo que no.

Ahora bien, recuerde que yo nunca había estado en esa ciudad donde mi amigo estaba iniciando su iglesia. Él escribió lo que yo vi y oí. Él no sabía dónde estaba este lugar o quién era Terry, y no le resultaba familiar el nombre de la calle que le mencioné. Cuando regresó a casa, decidió intentar encontrar la calle que le mencioné y los edificios que vi. Bien, encontró el nombre de la calle e incluso vio los otros edificios, pero allí no había ningún edificio. "Ummm", pensé. "¿Cómo pude ver todos los demás detalles y no haber edificio?"

Así que mi amigo encontró un edificio en otro lugar para comenzar su iglesia. Pasaron unos pocos años, y la iglesia de mi amigo comenzó a crecer y tuvo la necesidad de buscar otro lugar mayor, así que decidió ir a buscar de nuevo y se acordó de la palabra que le di. Se dirigió con su auto al mismo lugar, y esta vez había un edificio nuevo libre ¡con un letrero! De inmediato se dio cuenta que este edificio había estado ahí la visión profética futura que yo vi, pero cuando fue allí unos cuantos años atrás tan sólo había un solar. El edificio todavía no había sido construido la primera vez que fue. Como remate, descubrió que el propietario del edificio era un hombre llamado Sr. Terry, que era el nombre que fue mencionado en la profecía. Su iglesia se reúne hoy día en ese edificio.

Este es un buen ejemplo de por qué es importante que no nos apresuremos a recoger las piedras o catalogar una profecía como falsa o errónea. ¿Qué hubiera pasado si mi amigo hubiera decidido que

---

* No es su verdadero nombre.

definitivamente yo había cometido un error? Se hubiera perdido una tremenda bendición. Sin embargo, yo sólo vi parte del cuadro, y no vi la parte de que el edificio se construiría después. En lo que pude ver, el edificio ya estaba ahí. No fue una profecía falsa o errónea, como pudiera haber parecido, simplemente debía ocurrir en el tiempo de Dios. El error humano podría haber abortado fácilmente la bendición, bien por mi incapacidad de ver todo el cuadro, ¡o porque mi amigo asumiera que tuve una visión derivada de una mala digestión!

El error humano puede entrar en lo profético en tres maneras principales:

1. *Profecía errónea*— El que profetiza comete un error o no transmite correctamente la palabra.

2. *Decisiones erróneas*— Los que oyen o reciben la palabra toman decisiones que obstaculizan que la palabra llegue a suceder.

3. *Interpretaciones erróneas*— O bien los que dan o los que oyen la palabra aplican su propia interpretación, y no era lo que Dios quería comunicar.

PROFECÍA ERRONEA

Los seres humanos pueden cometer y, de hecho, cometen errores cuando ministran las cosas de Dios. Debido al factor del error humano, en el Nuevo Testamento Dios aplicó un método para que juzgásemos la profecía. Note que dije *juzgar la profecía*, no al profeta. Hay un método bíblico diferente para juzgar a un verdadero o falso profeta.

Ahora mismo quiero enfocarme en la profecía misma. Pablo dice que si los profetas están profetizando en la iglesia, otros profetas tienen que juzgar sus profecías (1 Corintios 14:29). No hay indicación de criticarles o apedrearles o disciplinarles si profetizan mal, sino que los otros profetas han de juzgar la palabra misma para que sea certera y sólida.

El juicio no se debía hacer sólo para que el público en general mandase cartas de crítica cuando no estaban de acuerdo con la profecía, sino simplemente los otros profetas juzgaban sus palabras. ¿Por qué es tan importante este factor? Es porque los profetas entienden el oficio y don del profeta, y tienen una visión y revelación profética que les da la capacidad de *leer entre líneas* las palabras de la profecía de una forma que otros no pueden. Esto no significa que ellos sean los únicos que pueden juzgar correctamente y discernir los secretos proféticos. Significa que pueden tener un mejor entendimiento y capacidad de hacerlo debido a la gracia que les ha sido dada y la forma en que han aprendido a ver lo profético.

Los buenos profetas están dispuestos a someter sus palabras a otros profetas para revisión. Yo tengo las profecías que recibo transcritas, y luego me aseguro de que otros profetas de confianza las lean y me den su opinión.

Como cristianos podemos juzgar las palabras proféticas que oímos para asegurarnos que estén en línea con el espíritu de la doctrina de la Biblia, y nos deberíamos asegurar de eso. Como cristianos, cualquier palabra que oigamos —ya sea profética, enseñanza o predicación— debería ser juzgada a la luz de la Palabra de Dios.

También podemos juzgar la profecía a la luz de nuestros propios espíritus. La palabra profética debería tener un elemento que le mueva de una forma positiva. Eso no significa que siempre le guste lo que se dijo en la profecía, especialmente si le trajo convencimiento o le resultó molesta. Sin embargo, la profecía debería, o bien bendecirle o llevarle a orar. Una profecía que es del Señor le llevará a Dios. Las profecías falsas o erróneas le dejarán con un sentimiento de incertidumbre.

Si no está seguro si una palabra es correcta, pero cree que debe ser correcta, tanga la profecía a mano, sin sacarla de su mente hasta un tiempo futuro. A medida que Dios la desvela, el tiempo normalmente dirá si la palabra era correcta. Es más fácil juzgar la profecía cuando usted está cimentado en el fundamento de una iglesia basada en la Biblia que recibe hoy la profecía. Un buen pastor e iglesia proporcionan comida constante de buena doctrina, lo cual le prepara con las habilidades necesarias.

Si un ministro o una persona probada y fiable comete un error, puede estar tranquilo de que la palabra no será en detrimento suyo bajo esas pautas para juzgar la profecía. Permítame reiterarlo: no apedree a la persona que profetizó cuando ésta cometa un error sin querer.

Hay una gran ilustración en 2 Reyes 4:38-44. El profeta Eliseo se estaba reuniendo con sus hijos espirituales, que estaban siendo mentoreados por él en lo profético. Se habían sentado para comer cuando el siervo que estaba a cargo de preparar la comida, de manera no intencional, cortó calabazas venenosas y las incluyó en la olla del guisado. Los hijos de los profetas discernieron que había veneno en la olla —no por conocimiento humano, sino por conocimiento revelado de Dios— y eso, por fortuna, salvó sus vidas. El siervo que preparó la comida no envenenó el guisado a propósito, no estaba intentando matarles, sino que cometió un error humano sin querer. Ese hecho en sí mismo tiene un significado profético. ¡Significa que los seres humanos cometemos errores! ¡Los demás comenzaron a clamar a su mentor Eliseo de que había veneno en el guisado!

La Biblia narra que Eliseo después puso harina en la olla y destruyó el veneno, haciéndolo que la comida fuera inofensiva. ¿Qué podemos aprender de esta historia, y cómo se aplica a los errores humanos en lo profético? El hecho de que esto sucediera en el contexto de Eliseo mentoreando a sus hijos espirituales proféticos revela la necesidad humana de crecer en los dones. En pocas palabras, estas son las cosas que podemos sacar de esta historia respecto al tema de las verdaderas o falsas profecías:

1. Podemos tener errores humanos como este siervo que estaba intentando servir lo mejor que podía. Claro que

su error podría haber afectado negativamente a otros, pero Dios se aseguró de que nadie sufriera daños.

2. Es importante estar cerca de un bue mentor o pastor que sea maduro en lo profético y en las cosas espirituales. Esta es una razón por la que se escribió esta historia, mostrando a Eliseo el mentor en presencia de sus ahijados proféticos. Un ministro maduro y equilibrado sabrá qué hacer cuando nos equivocamos, al igual que cuando el siervo se equivocó. Eliseo estaba ahí para ayudar a salvar sus vidas y sus futuros ministerios proféticos. Los pastores y líderes ayudarán a mantener vivos y puros nuestros dones proféticos. Ofrecerán el que podamos darles cuentas y ayuda en caso de que la necesitemos, y nos ayudarán a mantener nuestros dones puros y sin veneno alguno. Sin este tipo de liderazgo, podría haber resultados negativos serios.

3. La harina en la olla nos señala en dirección a la Palabra de Dios. Algunos quieren operar en los secretos de Dios sin estar cimentados en la Palabra de Dios, y finalmente esto nos envenenará. También revela que cada secreto y acción proféticos necesitan estar alineados con el pan de la Palabra de Dios.

4. Este error no fue intencional o a propósito. Los falsos profetas *tienen la intención* de desviar a la gente. Esto debería animarnos a los que queremos crecer en las cosas proféticas de Dios; puede que a veces nos equivoquemos, creyendo que habíamos oído de Dios; sin embargo, seguir sin la enseñanza debida y el hecho de dar cuentas a un *Eliseo* o mentor que sea un líder maduro podría ser cuestión de vida o muerte.

5. En esta historia de Eliseo podemos ver que, aun cuando había muerte en la olla, ¡hubo también gracia! La gracia se dio en este error humano, que tomó una situación potencialmente mala y la enderezó. También hay gracia para los que somos verdaderos siervos de Cristo en el Nuevo Testamento y queremos ministrar los secretos de Dios y honrarle.

Anímese. A veces las profecías se dirán erróneamente, pero eso no significa que ya no pueda volver a confiar en lo profético. Si aplica estos principios para manejarlos correctamente, cuando una profecía correcta venga a su camino, producirá una gran bendición en su vida.

DECISIONES ERRÓNEAS

A veces las profecías parece que no llegan a ocurrir por las decisiones erróneas de los que oyen o reciben la profecía. Nuestras malas decisiones pueden cambiar nuestro destino, aunque Dios quisiera otra cosa diferente para nosotros. Las malas decisiones pueden abortar una profecía. Moisés tomó una mala decisión que comprometió su destino, ya que se suponía que debía guiar al pueblo no sólo sacándolo de Egipto, sino también adentrándolo en la Tierra Prometida. Sin embargo, golpeó a la roca en vez de hablarle, como Dios le había ordenado:

> "Entonces alzó Moisés su mano y golpeó la peña con su vara dos veces; y salieron muchas aguas, y bebió la congregación, y sus bestias. Y Jehová dijo a Moisés y a Aarón: Por cuanto no creísteis en mí, para santificarme delante de los hijos de Israel, por tanto, no meteréis esta congregación en la tierra que les he dado."
> —NÚMEROS 20:11-12

Esta costosa decisión hizo que Moisés abortara una parte de su destino. El momento de ira de Moisés le hizo perder lo mejor de Dios. Ignoró las instrucciones y pautas que le fueron dadas. A veces, lo que Dios habla o planifica proféticamente no sucede por las decisiones que toma la gente. Muchas veces la gente puede recibir una palabra profética, pero como sus decisiones no están en línea ni apoyan la palabra profetizada, la profecía queda abortada.

Cuando hacemos algo diferente de lo que Dios dice, respondiendo en la carne, la operación de lo profético puede verse afectada de una forma negativa. Incluso naciones pueden abortar la palabra del Señor cuando no obedecen lo que Dios habla. Eso ocurrió con la nación de Israel. Dios profetizó muchas veces a través de sus profetas cuál era su plan para Israel. Era un plan profético de bendición, pero debido a las decisiones del pueblo, las palabras profetizadas fueron cortadas.

Esto nos sucede también a nosotros en lo personal. Cuando recibimos una profecía, tenemos que alinear nuestros hábitos, nuestras decisiones y nuestros planes para ayudar a que la palabra profética se manifieste. Si no lo hacemos, corremos el riesgo de abortar la profecía. No significa que la profecía no sea certera, sino que no obedecimos la profecía y, por tanto, tuvo que ser abortada.

INTERPRETACIÓN ERRÓNEA

Otra razón por la que las profecías parece que no se cumplen es simplemente porque no las entendimos o las interpretamos mal. A veces añadimos a la profecía sin darnos cuenta. Creo que por eso Apocalipsis 22:18-19 nos advierte de no añadir a la palabra profética de Dios ni quitar nada de ella. A veces lo hacemos al oír sólo de la profecía las cosas que nos gustan o queremos oír. En otras palabras, nos gusta la parte que nos dice que vamos a prosperar y ser bendecidos, pero no nos gusta oír palabras que nos avisan de que cambiemos. ¡En este caso, es fácil poner de nuestra propia cosecha en la profecía!

A veces, cuando oímos una palabra, simplemente no escuchamos con atención, y sólo oímos una porción de lo que se dijo, corriendo así el riesgo de no manejarla bien porque solamente respondemos a parte de ella. Por ejemplo, Dios profetiza que va a bendecirnos si oramos diligentemente. Puede que sólo oigamos su idea de bendecirnos, pero si fallamos en sintonizar con la parte sobre la oración, puede que terminemos sin orar por ello y luego nos preguntemos dónde fue a parar su bendición. Sería fácil suponer que la profecía era errónea cuando, de hecho, probablemente era correcta.

Interpretar mal la profecía ha hecho que mucha gente suponga erróneamente que una profecía no sucedió. A veces interpretamos mal porque no oímos sobre ella cuando ésta se cumple. Yo he dado ciertas profecías sobre eventos mundiales, pero como la gente no ha oído de ese acontecimiento en las noticias o en algún otro reportaje, automáticamente suponen que no era cierto. Si queremos juzgar bien la palabra, necesitamos estar muy seguros de oírla bien, asegurarnos de que entendemos totalmente el mensaje y luego orar por ello.

También he visto a gente malinterpretar la profecía por el tiempo. Como la palabra no ocurrió en el espacio de tiempo que pensaban que lo haría, suponen que la palabra era errónea.

PALABRAS QUE NO CAEN AL SUELO

En una ocasión, cuando me entrevistaban sobre lo profético, el entrevistador dijo esto: "Quiero profetas como Samuel, cuyas palabras nunca caían al suelo. ¿Dónde están los profetas Samuel hoy cuyas palabras no caen al suelo?". Se estaba refiriendo al versículo escrito sobre las palabras proféticas de Samuel el profeta: "Y Samuel creció, y Jehová estaba con él, y no dejó caer a tierra ninguna de sus palabras" (1 Samuel 3:19). El entrevistador hizo este comentario porque verdaderamente quería recibir de profetas que fueran certeros, y no hay nada malo en eso. Yo, junto con el resto de nosotros, también lo queremos, pero muchos han entendido que este versículo implica que los profetas nunca deberían cometer errores en sus profecías. Sin embargo, este entendimiento ha colocado unas expectativas injustas y erróneas sobre los profetas y los que desean ministrar los secretos de Dios.

Yo respondí a la declaración del entrevistador más o menos así: "Si ese era el requisito doctrinal o estándar para los profetas y lo profético, entonces mi pregunta es: ¿significa eso que Eliseo, Elías, Moisés, Aarón, Abraham, Jonás, Ezequiel, Daniel, Joel, Amós, Abdías, Jeremías, Isaías, Natán, Juan el Bautista y el apóstol Pablo, por nombrar sólo unos cuantos profetas, eran todos falsos? Ve, ¡la Biblia nunca dice que las palabras de estos profetas nunca cayeron al suelo! ¿Les hace esto ser falsos o incluso malos profetas porque nunca se dijo esto de ellos?".

Antes yo también tenía esa idea sobre los profetas, pero cuando miré con más atención esta área, me di cuenta que Samuel fue el único profeta en la Biblia de quien se dijo esto. Si ese era el requisito bíblico para todos los profetas, entonces se debía haber dicho también acerca de muchos otros buenos profetas de la Escritura.

Muchos han usado este versículo para decir que uno nunca puede equivocarse porque Samuel no lo hizo. Bueno, ¿se equivocó alguna vez? ¿Alguna vez se equivocó y estuvo sujeto a cometer un error? Piense de nuevo en 1 Samuel 16 cuando fue enviado a los hijos de Isaí para ungir al siguiente rey de Israel. ¿Se acuerda que comenzó a ungir a Eliab hasta que el Señor le detuvo? Aunque al final terminó bien al ungir a David, inicialmente, en lo profético estaba en un canal equivocado, y se necesitó una interrupción divina para redirigirle.

Creo que esta frase sobre las palabras de Samuel que no caen al suelo se usó para describir la precisión y rareza de su don profético. Tenga en mente que Samuel era un profeta único en su tiempo. Veamos lo que dice la Biblia acerca de él. "El joven Samuel ministraba a Jehová en presencia de Elí; y la palabra de Jehová escaseaba en aquellos días; no había visión con frecuencia" (1 Samuel 3:1). Encontramos aquí que la palabra del Señor escaseaba y que no había revelación abierta debido a la corrupción y transigencia del sacerdote Elí y sus hijos, lo cual leemos en 1 Samuel 2:22-23: "Pero Elí era muy viejo; y oía de todo lo que sus hijos hacían con todo Israel, y cómo dormían con las mujeres que velaban a la puerta del tabernáculo de reunión. Y les dijo: ¿Por qué hacéis cosas semejantes? Porque yo oigo de todo este pueblo vuestros malos procederes".

El pecaminoso entorno en Israel casi había cerrado el funcionamiento del ministerio profético, lo que había hecho de Samuel un don único. Por primera vez en mucho tiempo, alguien estaba empezando a profetizar de nuevo con pureza. Sin lugar a duda, Dios no sólo ungió a Samuel para este momento de la historia, sino que Dios también colocó una protección especial sobre Samuel, quien tendría que fraguar algún terreno nuevo para dar lugar a esta fresca etapa profética. Dios se estaba asegurando de que cada palabra que decía este joven profeta fuera cuidada y protegida cuidadosamente. En 1 Samuel 3:1 leemos: "La palabra del Señor era preciosa en esos días". Tenía que ser tratada como una valiosa pieza de cristal. Creo que Dios cuidó especialmente de las profecías de Samuel porque Samuel estaba a punto de ser el único disponible en esos días para hablar de parte de Dios.

Yo lo veo como el comienzo de una fogata cuando vamos de acampada. En la etapa inicial, tiene que poner un cuidado extra en el fuego. Primero crea una pequeña chispa, luego empieza a salir un poco de humo, incluso sopla un poco en el fuego y hace un esfuerzo extra para ayudarle hasta que crece y se hace fuerte. Luego, a medida que aumentan las llamas, sigue haciéndose cada vez más fuerte hasta que ya no necesita más el mismo cuidado intensivo. Creo que este era el dibujo exacto en los días de Samuel, y Dios estaba dando un cuidado especial al fuego reciente de lo profético para restaurar su funcionamiento correcto en la tierra.

El joven Samuel aún estaba creciendo (1 Samuel 3:19) y aún era frágil como profeta, al igual que la restauración de lo profético era aún frágil. No sólo era aún joven de edad, sino que además tampoco tenía mucha gente a la que acudir en busca de apoyo. Dios estaba aún desarrollándole como un profeta preciso y fiable que pudiera manejar lo que Dios le había llamado a hacer.

Nuestra meta debería ser tener un alto estándar de precisión en lo profético. Creo que, como Samuel ayudó a restaurar el fluir profético en su día, nosotros necesitamos luchar por su nivel de precisión. Necesitamos el entorno adecuado y un entrenamiento constante para que esto ocurra, pero también estoy convencido de que el ejemplo de Samuel no fue para dar a entender que uno no puede cometer errores sin querer. Poner una restricción tal —o cualquier otra restricción, juicio y estándar innecesarios— sobre nosotros o sobre lo profético puede hacernos temerosos de profetizar nada.

APEDREEN A ESE PROFETA

Si no podemos determinar si un profeta es falso o verdadero basados sólo en la precisión de su profecía, ¿entonces cómo distinguimos a un falso profeta de uno verdadero? Hay algunos versículos que nos muestran cómo, pero la gente a menudo los ha ignorado y se ha aferrado a la idea de que *una profecía errónea equivale a falso profeta*. Una vez que deciden que usted es un falso profeta, ¡tenga cuidado con el apedreamiento moderno! Hoy no son piedras naturales, sino un asalto de crítica verbal. Quiero repasar con usted esos versículos sobre los falsos profetas con detenimiento para que podamos entender lo que dicen.

Comencemos definiendo la palabra *falso*. Hay una gran diferencia entre *falso* y *erróneo*. Algo que es *falso* conlleva una connotación de "falsificación" y "fraude". Pretende engañar. Alguien que comete un *error* es muy probable que su intención no fuera la de engañar de ninguna forma, sino que esa persona tan sólo cometió un error humano. Así que, cuando nos referimos a falsos profetas, necesitamos identificar una persona cuya principal intención y actividad regular sea la de desviar a la gente, ya sea doctrinalmente, financieramente o por algún otro propósito.

Hay varios versículos que hacen referencia a falsos profetas. Al leerlos, descubriremos que la precisión de la profecía tiene poco que ver con si fue expresada o no por un verdadero o falso profeta. De hecho, había tantos falsos profetas que producían milagros y profetizaban con precisión como verdaderos profetas. Incluso los magos del faraón pudieron hacer cosas sobrenaturales.

Otros profetas comenzaron bien, pero sus motivos y las intenciones de su corazón se contaminaron, y entraron en el rango de los falsos más adelante. La Biblia se refiere a Balaam como uno de ellos, ya que comenzó como un verdadero profeta y luego fue por el camino del error al usar su unción profética con un propósito malo y dañino. Note lo que la Biblia dice acerca de él: "Han dejado el camino recto, y se han extraviado siguiendo el camino de Balaam hijo de Beor, el cual amó el premio de la maldad" (2 Pedro 2:15). El libro de Apocalipsis lo amplía diciendo:

> "Pero tengo unas pocas cosas contra ti: que tienes ahí a los que retienen la doctrina de Balaam, que enseñaba a Balac a poner tropiezo ante los hijos de Israel, a comer de cosas sacrificadas a los ídolos, y a cometer fornicación".
>
> —APOCALIPSIS 2:14

Independientemente del hecho de que Balaam estaba en un error tremendo, muchas de sus profecías eran ciertas. Profetizó muchas cosas correctamente con relación a Israel, incluso más que algunos de los demás profetas. Era un verdadero profeta que se convirtió en falso profeta porque desarrolló una intención engañosa y malvada, aunque sus profecías eran precisas. Escogió transigir en su don, contrariamente a lo que Dios quería para él.

Antes de lanzar nuestras verbales *piedras de falso profeta*, ¡mejor asegurémonos de conocer a qué le estamos lanzando nuestras piedras! Jesús enseñó que sólo los que estuvieran libres de pecado tenían el derecho a lanzar piedras (Juan 8:7), pero mucha gente aún siente que los profetas que cometen errores deberían ser clasificados como falsos y deberían estar sujetos a unas estrictas y a veces severas medidas disciplinarias. Deuteronomio 13 nos ayuda a entender por qué algunas personas desarrollan una visión desacertada sobre los verdaderos y falsos profetas. También nos da una dirección para cómo deberíamos responder a ambos correctamente:

> "Cuando se levantare en medio de ti profeta, o soñador de sueños, y te anunciare señal o prodigios, y si se cumpliere la señal o prodigio que él te anunció, diciendo: Vamos en pos de dioses ajenos, que no conociste, y sirvámosles; no darás oído a las palabras de tal profeta, ni al tal soñador de sueños; porque Jehová vuestro Dios os está probando, para saber si amáis a Jehová vuestro Dios con todo vuestro corazón, y con toda vuestra alma. En pos de Jehová vuestro Dios andaréis; a él temeréis, guardaréis sus mandamientos y escucharéis su voz, a él serviréis, y a él seguiréis. Tal profeta o soñador de sueños ha de ser muerto, por cuanto aconsejó rebelión contra Jehová vuestro Dios que te sacó de tierra de Egipto y te rescató de casa de servidumbre, y trató de apartarte del camino por el cual Jehová tu Dios te mandó que anduvieses; y así quitarás el mal de en medio de ti".
>
> —DEUTERONOMIO 13:1-5

Note que el profeta tenía sueños y milagros que, de hecho, *sí* se cumplieron. En otras palabras, eran revelaciones proféticas precisas, pero al mismo tiempo el fruto de su vida y su mensaje era el de apartar a la gente del Señor para servir a otros dioses. Apartó su amor y su atención de Dios, y eso es lo que le hizo a él y a otros como él un falso profeta. El factor determinante a la hora de ser un verdadero o falso profeta no está en ningún modo basado en una profecía errónea o acertada, sino en su falso comportamiento, intentando desviar a la gente de Dios. El profeta que era falso, de hecho usaba señales verdaderas, revelaciones y maravillas para atraer a la gente hacia la adoración de otros dioses que no eran el

Señor. Eso es muy diferente a un verdadero profeta de Dios que haya podido cometer un error o no acertar plenamente.

Este tipo de falso profeta era castigado con la pena de muerte, a menudo siendo apedreado (versículo 5). ¿Por qué le apedreaban? Porque apartaba a gente de Dios y quería engañarles. El apedreamiento no era para el verdadero profeta que podía haberse equivocado, no haber hablado o haber cometido un error sin querer. Los verdaderos profetas tenían que ser entrenados y desarrollados, mientras que los falsos profetas tenían que ser disciplinados y apartados de sus lugares de influencia.

En el Antiguo Testamento, los falsos profetas eran sentenciados a muerte, a menudo por apedreamiento. El apedreamiento no estaba solamente limitado a los falsos profetas, sino que incluía también quienes cometían adulterio u otros actos pecaminosos: "Si un hombre cometiere adulterio con la mujer de su prójimo, el adúltero y la adúltera indefectiblemente serán muertos" (Levítico 20:10). Deuteronomio 22 nos dice cómo tenían que morir:

> "Si fuere sorprendido alguno acostado con una mujer casada con marido, ambos morirán, el hombre que se acostó con la mujer, y la mujer también; así quitarás el mal de Israel. Si hubiere una muchacha virgen desposada con alguno, y alguno la hallare en la ciudad, y se acostare con ella; entonces los sacaréis a ambos a la puerta de la ciudad, y los apedrearéis, y morirán; la joven porque no dio voces en la ciudad, y el hombre porque humilló a la mujer de su prójimo; así quitarás el mal de en medio de ti".
>
> —DEUTERONOMIO 22:22-24

En realidad, bajo esta misma ley, el rey David debía haber sido apedreado por su adulterio con Betsabé. Esta misma ley debería haberse aplicado a Aarón el sacerdote, que hizo lo que hacía un falso profeta: usó sus palabras, dinero y posesiones terrenales para apartar a la gente de Dios y adorar un becerro de oro. La Ley de Dios estaba fresca en las manos de Moisés cuando descendió de la montaña. Según la Ley que recibió Moisés, su hermano Aarón ahora era culpable de ser un falso profeta ¡y merecía la muerte! El Señor había declarado que Aarón era un profeta (Éxodo 7:1). No había un momento mejor para hacer cumplir esta Ley, ¿cierto?

El castigo de apedreamiento o pena de muerte no estaba limitado sólo a los profetas. Mire estos versículos:

> "Si te incitare tu hermano, hijo de tu madre, o tu hijo, tu hija, tu mujer o tu amigo íntimo, diciendo en secreto: Vamos y sirvamos a dioses ajenos, que ni tú ni tus padres conocisteis, de los dioses de los pueblos que están en vuestros alrededores, cerca de ti o lejos de ti, desde un extremo de la tierra hasta el otro extremo de ella; no consentirás con él, ni le prestarás oído; ni tu ojo le compadecerá, ni le tendrás misericordia, ni lo encubrirás, sino que lo matarás; tu mano se alzará primero sobre él para matarle, y después la mano de todo el pueblo. Le apedrearás hasta que muera, por cuanto procuró apartarte de Jehová tu Dios, que te sacó de tierra de Egipto, de casa de servidumbre; para que todo Israel oiga, y tema, y no vuelva a hacer en medio de ti cosa semejante a esta".
>
> —Deuteronomio 13:6-11

La pena de muerte para un falso profeta también se aplicaba a cualquier familiar que apartara a la gente de Dios. Es interesante que cuando la gente quiere llevar a cabo un apedreamiento moderno para un "falso profeta", nunca menciona a ninguno de sus familiares que ha intentado apartarles de la iglesia, criticado su cristianismo o incluso incitado a cometer actividades pecaminosas. Normalmente, somos más lentos para aplicar los mismos métodos de disciplina de la iglesia cuando las cosas están cerca de casa. Ni siquiera Aarón, el hermano de Moisés, que hizo las cosas que le hacían culpable de ser un falso profeta, fue apedreado según la Ley.

Como podemos ver, si *apedreamos* o disciplinamos a los falsos profetas, entonces tenemos que aplicar las mismas reglas con otros que entran en los pecados mencionados. Sugerir que este requisito era sólo para los profetas sería erróneo. También necesitamos ser muy cuidadosos cuando aplicamos el enfoque disciplinario para asegurarnos de que realmente sea un falso profeta a quien se lo estamos aplicando. No es un estándar disciplinario para los que verdaderamente ministran como profetas honestos en los secretos de Dios y ocasionalmente dan una profecía equivocada.

¿FALSO PROFETA O FALSA IDENTIFICACIÓN?

En 1 Reyes 22, la Biblia habla sobre los cuatrocientos profetas que le dijeron al rey Acab lo mismo: Dios quería que luchara contra Ramot de Galaad. Sin embargo, había un profeta más llamado Micaías que profetizó lo contrario de los otros cuatrocientos, diciendo que el Señor no quería que el rey Acab luchara contra Ramot Galaad, y que, si lo hacía, el resultado sería que Israel sería esparcido por las montañas y el rey resultaría muerto.

Las palabras de Micaías demostraron ser ciertas. Los otros profetas habían dado una profecía falsa o errónea, la cual podría haber traído unos resultados catastróficos. La Biblia nunca narra que los cuatrocientos profetas fueran apedreados o incluso disciplinados por sus profecías erróneas.

Los falsos profetas de los que se habla en Ezequiel 13 y Jeremías 23 no fueron muertos tampoco por sus palabras y visiones mentirosas. Según la Ley, si su intención había sido apartar a la gente del Señor, probablemente deberían haber sido apedreados. En cambio, fueron corregidos y reprendidos con otro método.

¿Qué estoy diciendo entonces? No podemos apresurarnos a criticar o incluso disciplinar a los que profetizan, porque a veces puede llevar tiempo saber si la profecía era verdaderamente de Dios o era simplemente una equivocación. De hecho, las profecías de muchos de los profetas del Antiguo Testamento ni siquiera se llevaron a cabo durante el transcurso de sus vidas. Estoy seguro que eso les pareció falso o erróneo a algunos. Otros incluso fueron acusados como tales. Es increíble que en el Antiguo Testamento, parecía que la gente dejaba que los profetas que realmente hacían cosas pecaminosas se quedaran sin disciplina, ¡pero querían expulsar de la ciudad e incluso matar a los que eran justos!

Deuteronomio 18 se refiere a los falsos profetas y la profecía. Estos versículos nos ayudan a ver qué hacer si un verdadero ministro de Jesucristo expone una palabra errónea.

> "El profeta que tuviere la presunción de hablar palabra en mi nombre, a quien yo no le haya mandado hablar, o que hablare en nombre de dioses ajenos, el tal profeta morirá. Y si dijeres en tu corazón: ¿Cómo conoceremos la palabra que Jehová no ha hablado?; si el profeta hablare en nombre de Jehová, y no se cumpliere lo que dijo, ni aconteciere, es palabra que Jehová no ha hablado; con presunción la habló el tal profeta; no tengas temor de él."
>
> —DEUTERONOMIO 18:20-22

La gente a veces dice: "¿Ve esto? Si el profeta habla falsamente en nombre de Dios, ¡tiene que recibir disciplina!". Sin embargo, permítame dirigir su atención al versículo 20, que dice: "El profeta que *tuviere la presunción de hablar palabra en mi nombre...*" (énfasis añadido). En hebreo, literalmente significa estallar de orgullo y rebeldía. Eso no suena a un profeta honesto y verdadero, ¿verdad? Este versículo se aplica a los profetas que desafiaban a Dios y se entregaban a dioses o doctrinas falsas.

El versículo 22 nos reafirma que deberíamos aplacar cualquier temor de recibir u oír simplemente una profecía errónea de un verdadero profeta. En pocas palabras, el versículo dice que si alguien viene en nombre del Señor, no deberíamos tener miedo de él si comete un error. Es un error sin querer, y si su profecía no sucede, o si habla fuera de turno, ¡no sude! Su seguridad reside en el hecho de que su corazón es para el Señor y su intención es hacer lo correcto.

Demasiadas veces nos apresuramos a sacar conclusiones sobre si las palabras de un profeta realmente llegaron a suceder o no. Quizá la palabra sí se cumplió, y nosotros no lo supimos, o quizá la persona que recibía la palabra hizo algo que impidió que sucediera. Por ejemplo, si alguien recibe una profecía sobre un nuevo trabajo que viene de camino pero esa persona nunca lo consigue porque se queda en casa todo el día siendo perezoso y esperando que se manifieste la palabra, entonces la culpa de que no se cumpla no es de los ministros de Dios.

Muchas profecías en las Escrituras parece que no ocurrieron en la vida de las personas que las oyeron. En cambio, se cumplieron después que murieron. Tenemos otros ejemplos de profecías que se dieron como absolutos, pero las circunstancias y las decisiones humanas cambiaron el resultado. Veamos unos pocos ejemplos de esto:

- Isaías profetizó que el rey Ezequías moriría (Isaías 38:1-5). Note que no había condiciones añadidas cuando se dio la palabra. Estoy seguro de que la media de los espectadores hubiera pensado que la profecía era falsa cuando Ezequías vivió otros quince años. Estoy aún más seguro de que algunos incluso pensaron: "Oh, el profeta está cambiando su profecía ahora porque Ezequías no murió".

- Jonás profetizó que Nínive sería juzgada y destruida en cuarenta días (Jonás 3:4). Usted y yo sabemos que si se diera hoy día una palabra así, y no se cumpliera como fue dicho, la gente gritaría: "¡Falso profeta!". Cuando Jonás dio esa palabra, no había condición alguna para que se diera el arrepentimiento. El profeta simplemente dijo que la ciudad iba a ser destruida, y nada más. Estoy seguro de que hubo muchos que pensaron que Jonás era un falso profeta cuando eso no ocurrió, y todo porque no se enteraron de la noticia de que Nínive se había arrepentido, por eso Dios cambió de opinión y no destruyó la ciudad como estaba profetizado.

Por esta razón debemos tener cuidado. Si vamos a apresurarnos a apedrear o disciplinar a los profetas, entonces también necesitamos los mismos estándares para los otros dones ministeriales en el cuerpo de Cristo. Estoy seguro de que todos los pastores han predicado cosas con una falta de entendimiento bíblico, ¡y después hubieran querido no haberlo predicado! Cada uno de nosotros está creciendo en Dios, y necesitamos darle a la gente en lo profético la misma oportunidad de crecimiento sin el temor de la acusación y la crítica.

¿Alguna vez ha orado por alguien para que fuese sanado y no sanó? ¿Le hace eso ser un falso sanador? Claro que no, tan sólo está creciendo y aprendiendo a ser usado por Dios. Si le da testimonio a una persona y no se salva, eso no quiere decir que sea un falso evangelista, ¿no es cierto? O si comete un error sin querer en su capacidad de interpretar las Escrituras y enseña algo incorrecto a los demás, ¿le hace eso ser un falso maestro? El Nuevo Testamento, de hecho, habla más de los falsos maestros que de los falsos profetas.

¿Entonces cómo reconocemos a un falso profeta hoy día? Jesús mencionó que les conoceríamos por sus frutos. El pasaje de 2 Pedro nos da una lista de los frutos o características de un falso profeta.

> "Pero hubo también falsos profetas entre el pueblo, como habrá entre vosotros falsos maestros, que introducirán encubiertamente herejías destructoras, y aun negarán al Señor que los rescató, atrayendo sobre sí mismos destrucción repentina."
>
> —2 PEDRO 2:1

Eche un vistazo al falso fruto mencionado en el segundo capítulo de 2 Pedro:

- Los falsos profetas introducían herejías, mensajes y enseñanzas destructoras (versículo 1).

- Negaban al Señor (versículo 1).

- Eran avaros, y hacían mercadería de la gente con sus palabras (versículo 3).

- Andaban en la carne (versículo 10).

- Los falsos profetas despreciaban la autoridad (versículo 10).

- Eran presuntuosos y no eran guiados por el Espíritu Santo (versículo 10).

- Eran inmorales y sus ojos estaban llenos de adulterio (versículo 14).

- No podían dejar de pecar (versículo 14).

- Iban tras las almas inconstantes o cristianos y personas jóvenes (versículo 14).

- Seguían el camino de Balaam, usando la brujería y siendo transigentes (versículo 15).

- Hablan palabras infladas y convincentes con la intención de engañar (versículo 18).

Estos versículos identifican el fruto de los falsos profetas. Necesitamos ser doctrinalmente correctos y capaces de discernir a los que enseñan la Palabra de Dios y ministran proféticamente de los que exhiben un fruto falso. Debemos ser capaces de medir el mensaje de cada profeta según la Biblia.

MADURAR EN LO PROFÉTICO

No ha sido mi intención excusar a los falsos profetas. Nadie debería hacer un hábito de profetizar palabras que no suceden y dejarlo pasar como meros errores. Todos deberíamos luchar por conseguir el nivel más alto de precisión a la hora de recibir y dar los secretos de Dios. Si estamos recibiendo esas profecías, necesitamos mantener una actitud receptiva hacia los verdaderos ministros proféticos de Dios. Si no entendemos una profecía cuando se proclama, entonces tenemos que esperar y ver si Dios nos revela su significado con el tiempo.

Antes de comenzar nuestra iglesia, un ministro profético probado nos profetizó a mi esposa y a mí. Profetizó que estábamos llamados al pastorado, y para ser honestos, ¡los dos pensamos que ese ministro se había equivocado! En ese momento no sentíamos ningún deseo de pastorear una iglesia, pero guardamos la palabra en nuestras mentes. Y fue siete años después cuando comenzamos nuestra iglesia. ¡Siete años! Esa persona no se equivocó, y la profecía era cierta; tan sólo necesitábamos alinearnos con la voluntad de Dios.

Bajo la Ley de Moisés, la gente era apedreada como una forma de castigo, pero cuando Jesús se enfrentó a la encolerizada multitud que quería apedrear a la mujer sorprendida en adulterio, Él pensó: "El que de vosotros esté sin pecado sea el primero en arrojar la piedra contra ella" (Juan 8:7). La definición griega de *pecado* es errar el blanco. Jesús les estaba diciendo a los fariseos religiosos que, según la Ley de Moisés, podían arrojar piedras a esa mujer sorprendida en adulterio, pero sólo podían arrojar las piedras si ellos mismos nunca habían pecado o se habían equivocado.

Jesús quería decir que ahora una nueva dispensación de gracia sería el estándar para la iglesia del Nuevo Testamento. No era una licencia para seguir haciendo mal (Romanos 6:1), sino que la gracia habla del amor, el perdón y la oportunidad de ministrar para el Señor como un vaso de honra, incluso aunque tenga fragilidades humanas. Jesús también estaba dando a entender que todos nos equivocamos de vez en cuando y que hay gracia para intentarlo de nuevo y no pecar más.

No use a propósito su don para pecar como lo hace el falso profeta, pero si comete un error, no se condene, la gracia de Dios le cubre.

El apóstol Pablo incluso mencionó que él se convirtió en un ministro por la gracia de Dios con él (Efesios 3:7). Había cometido errores y tenía defectos, pero su motivo, propósito y petición diaria era hacer lo correcto al servir a Dios. Hay gracia para que usted se lance y pruebe lo profético. La clave es permanecer puro y sometido a otros. Mientras aprende a caminar en la unción de Dios, estará con los que revelan los verdaderos secretos del Señor.

EL PROFETA: EL DON QUE DIOS PREPARÓ PARA LA IGLESIA

Hablé más, y le dije: ¿Qué significan estos dos olivos a la derecha del candelabro y a su izquierda? Hablé aún de nuevo, y le dije: ¿Qué significan las dos ramas de olivo que por medio de dos tubos de oro vierten de sí aceite como oro? Y me respondió diciendo: ¿No sabes qué es esto? Y dije: Señor mío, no. Y él dijo: Estos son los dos ungidos que están delante del Señor de toda la tierra.

–Zacarías 4:11-14

"¿DÓNDE ESTÁ EL VIENTO?", PENSABA YO MIENTRAS DABA vueltas en la cama, intentando dormir. La verdad es que no podía dormir debido a una palabra que había profetizado. La tarde anterior, durante una reunión de iglesia donde me habían invitado a ministrar, le dije a la audiencia que el Señor iba a darles una señal porque Él quería mostrarles que lo profético aún seguía vivo hoy día. Les costaba un poco confiar en los profetas modernos, y yo sentí que el Señor me estaba dirigiendo por esa línea durante el día cuando estaba orando en mi hotel. La palabra que les profeticé era que después de la medianoche de ese día, el viento comenzaría a soplar muy fuerte en la ciudad y habría truenos y relámpagos, pero no lluvia. Les dije que ese viento sería una señal para esa iglesia y ciudad de que el viento de cambio estaba llegando y que Dios todavía usa lo profético.

Y bien, ya era medianoche, ¡y no había viento! No se movía nada, ¡ni un ratón! No había viento, rayos ni truenos, así que se puede imaginar la lluvia de pensamientos que intentaban llegar a mi mente. Los minutos parecían horas; me levanté y me asomé por la ventana del hotel, y todo estaba quieto y sereno. Las cosas parecían ser todo lo contrario de lo que dije. Miré al reloj de pared y luego a mi reloj de pulsera para asegurarme de que verdaderamente ya era más de medianoche. Bueno, era más de media noche, y no había viento; así que hice lo que la mayoría de nosotros haría: me puse a orar fervientemente. Claro está, le pregunté al Señor qué era lo que estaba pasando.

Finalmente, decidí intentar dormir de nuevo. Debí haberme quedado dormido, porque me sobresaltó el ruido de afuera. ¡Me emocioné de ver que había un fuerte viento! "¡Gracias Señor!". Eso ilustra cómo un profeta se puede sentir cuando su reputación está en juego.

Al día siguiente, el pastor de la iglesia habló sobre la palabra profética de la noche anterior, y mencionó la parte acerca de la intención de Dios de darles una señal. Bien, no sólo tuvieron una señal de viento soplando con furia, ¡sino que también la señal de su iglesia salió volando del edificio y aterrizó en la calle! ¡Eso le da un nuevo entendimiento a ver una *señal*! Después de esto, se interesaron mucho más por los profetas, por decirlo así, y yo estaba feliz porque Dios quiere usar a profetas hoy.

LOS DOS OLIVOS

Sabemos que Dios no tiene que probar la validez del ministerio profético, pero Dios promoverá a los profetas y sus mensajes. Incluso aunque algunos hayan perdido la confianza en lo profético debido a algunos comportamientos descuidados que ha habido con las cosas proféticas, Dios sigue creyendo en los profetas.

Zacarías tuvo una visión que enfatizó la importancia del ministerio profético en cada generación. Sí, así es; ¡se necesita lo profético! Vayamos a Zacarías 4:11: "Hablé más, y le dije: ¿Qué significan estos dos olivos a la derecha del candelabro y a su izquierda?". Zacarías estaba preguntando por los dos olivos que vio en la visión. Obviamente, los árboles eran algún tipo de misterio para él o, de lo contrario, no habría preguntado por ellos. Seguramente sabía que eran árboles, pero no sabía lo que significaban o por qué estaban ahí. Tenían un significado profético, y Zacarías quería saber cuál era.

El ángel le dio una respuesta inicial diciendo: "Estos son los dos ungidos que están delante del Señor de toda la tierra" (versículo 14). Puede que esté pensando que la respuesta del ángel no aportó mucha información; sin embargo, el misterio de estos dos árboles —los dos ungidos— está desvelado a lo largo de las Escrituras. Según viaja por ello, no sólo recibirá una mejor revelación del poder que viene a través de lo profético, sino que también querrá ayudar a promover su funcionamiento en su propia vida y dondequiera que Dios lo quiera usar.

El libro de Apocalipsis nos da mucho entendimiento:

"Estos testigos son los dos olivos, y los dos candeleros que están en pie delante del Dios de la tierra. Si alguno quiere dañarlos, sale fuego de la boca de ellos, y devora a sus enemigos; y si alguno quiere hacerles daño, debe morir él de la misma manera. Estos tienen poder para cerrar el cielo, a fin de que no llueva en los días de su profecía; y tienen poder sobre las aguas para convertirlas en sangre, y para herir la tierra con toda plaga, cuantas veces quieran".

—APOCALIPSIS 11:4-6

Vemos que los árboles son dos individuos ungidos muy importantes; de hecho, son los dos famosos testigos de Apocalipsis que se levantan y profetizan durante tres años y medio. ¡Imagínese tres años y medio llenos de sus profecías! En otras palabras, Dios estableció dos poderosos profetas para llevar una fuerte presencia de contenido profético a los eventos de la época.

Note que los dos tenían el poder de controlar los elementos climatológicos, podían hablarles a los cielos para que no lloviera y para que llenaran la tierra de agua, convirtiéndola en sangre. Probablemente usted ya ve que las cosas que hicieron aquí imitan a los ministerios de Moisés y Elías. Elías profetizó que no habría lluvia (1 Reyes 17:1), y Moisés convirtió el agua en sangre (Éxodo 7:15-17).

Cuando leemos e interpretamos la Biblia, es importante recordar que podemos verlo de tres formas, siendo las tres importantes. Podemos verlo históricamente, viendo los acontecimiento tal y como ocurrieron. Podemos ver un significado literal, que está ilustrado por la manera en que aplicamos la Palabra escrita a nuestra vida. Finalmente, hay un significado profético, que a menudo revela un significado oculto.

Por ejemplo, los dos olivos eran literalmente olivos, pero llevaban un significado profético oculto que era algo más; de hecho, cuando pensamos en un olivo, pensamos en el aceite que produce. Proféticamente, ese aceite es representativo de la unción; los árboles hablan de gente que está arraigada y cimentada, lo cual revela a los olivos como una unción que viene sobre la gente.

Verá que a menudo puede sacar significado profético de muchas partes de la Escritura si la estudia cuidadosamente. Como la revelación profética es el enfoque de este libro, leyendo con más atención podemos ver por qué Dios necesita que lo profético funcione con regularidad hoy día.

Algunos teólogos bíblicos sugieren que Apocalipsis 11:4-6 es sólo un evento literal relacionado con los últimos tiempos. Creen que se refiere a los dos testigos que se revelarán en los días de la gran tribulación. Eso es absolutamente cierto, pero quiero que veamos estos mismos versículos a la luz de la interpretación profética.

Debido a las similitudes en el ministerio, podemos ver fácilmente que estos dos testigos señalan a los ministerios de Moisés y Elías, aunque puede que no sean los mismos Moisés y Elías que se levanten de los muertos en este pasaje. Quiero que enfoquemos nuestro pensamiento en la unción que llevan estos dos testigos. Cuando los que están ungidos por Dios mueren, la unción del Espíritu Santo que había sobre ellos permanece en la tierra para bendecir y ayudar a las generaciones que les siguen. Cuando un vaso ministerial ungido termina su carrera y se va al cielo, Dios siempre levantará a otros que tomen la unción que tenía esa persona y la manifestará a través de otros. Es posible que no presenten la unción exactamente de la misma manera que lo hizo la otra persona, pero es lo que esa unción en concreto logra lo que necesitamos.

A lo largo de la Escritura podemos ver la peculiar unción de Moisés y Elías continuamente manifestada y presente. Luego, en el libro de Apocalipsis, llega a su culminación final. Si su unción era evidente a lo largo de la Biblia, y lo será en los últimos tiempos, también creo que todavía se está manifestando en la iglesia hoy.

Encontramos a Moisés y Elías, estos dos olivos, juntos en otro ejemplo en el monte de la Transfiguración:

> "Y se transfiguró [Jesús] delante de ellos, y resplandeció su rostro como el sol, y sus vestidos se hicieron blancos como la luz. Y he aquí les aparecieron Moisés y Elías, hablando con él".
>
> —MATEO 17:2-3

En Zacarías 4:14, los dos olivos —o mejor dicho, la unción de Moisés y Elías— estaban delante del Señor. Es interesante que en la transfiguración de Jesús volvían a estar de nuevo junto al Señor, como en la visión de Zacarías.

¿Qué representa un tipo de unción como la de Moisés y Elías? Nos dibujan un cuadro de los ministerios apostólico y profético, con Jesús en el centro como la cabeza de su iglesia. Demuestran el ministerio del apóstol y profeta: ministerios fundamentales de la iglesia.

> "Así que ya no sois extranjeros ni advenedizos, sino conciudadanos de los santos, y miembros de la familia de Dios, edificados sobre el fundamento de los apóstoles y profetas, siendo la principal piedra del ángulo Jesucristo mismo."
>
> —Efesios 2:19-20

La iglesia no sólo está edificada literalmente sobre el fundamento puesto por los apóstoles y profetas de la Biblia, sino que sigue siendo edificada sobre el fundamento de la unción moderna de estos dos ministerios también, al igual que fue durante generaciones.

Moisés, el primer olivo, fue el apóstol que edificó el tabernáculo de la presencia de Dios. La palabra *apóstol* significa enviado. ¿Enviado a hacer qué? Los apóstoles son enviados a edificar. Los que funcionaron en la unción de apóstol en tiempos bíblicos construyeron cosas de las que otros se podían beneficiar, lo cual incluía edificios físicos y también espirituales. Una casa espiritual puede ser una iglesia, un viaje de misiones a una región, o una escuela bíblica. Conlleva más que ser misionero, como algunos han sugerido. Indica convertirse en el centro de misiones desde donde los misioneros van y vienen. ¿Ve la diferencia? Es algo más que tan sólo comenzar una iglesia y ser pastor; es construir una iglesia que se extienda más allá del ámbito de la iglesia y provea un fundamento que desarrolle y capacite a otras iglesias y ministerios. Por eso los apóstoles no eran tan sólo enviados, sino enviados a edificar. La iglesia dejaría de funcionar sin estos edificadores operando.

Elías, el segundo olivo, representa el ministerio profético. El rol de profeta es un ministerio fundamental, porque planifica y proyecta el cielo y pone el corazón y la presencia de Dios en el proceso de edificación. En el libro de Esdras, Ciro, que es un tipo de un apóstol, decretó que se reconstruyera el templo. En Esdras 5:2, vemos que cuando los edificadores comenzaron a construir, ¡los profetas de Dios estaban ahí para ayudarles! ¿Cómo ayudaban? Estaban añadiendo la voz de Dios en el proceso de profetizar, diciéndoles constantemente a los edificadores qué había en la mente de Dios para la siguiente fase de la edificación. Expresaban las emociones de Dios y revelaban su plan, y también dieron avisos de Dios.

Los profetas añadieron una dimensión de la presencia de Dios a través de su unción vocal, demostrativa y expresiva. Usted no puede construir nada para Dios sin la dimensión de la voz de Dios, la cual viene específicamente a través de lo profético. Aunque todos podemos oír de Dios en nuestras vidas, seguimos necesitando profetas que hablen de manera correctiva para que la iglesia esté unificada en su propósito. Por ejemplo, cuando un profeta da una palabra a una iglesia como cuerpo, ayuda a esa iglesia a realizar un esfuerzo unificado para lograr algo significativo. Los profetas pueden traer claridad a cosas que oímos de Dios, y por eso no podemos eliminar o pasar por alto la dimensión de los profetas en nada de lo que hacemos.

De ahí podemos concluir que Moisés y Elías representan los dos ministerios fundamentales de apóstol y profeta, y no podemos funcionar eficazmente como cristianos o como iglesia sin alguno de ellos. Pero la revelación más poderosa en este cuadro profético es Jesucristo estando en el medio; Él es quien sostiene toda la estructura en pie. Los apóstoles y profetas no deberían centrar la atención en ellos, sino señalar a Jesús e intentar convertirlo en el centro de atención. ¡Él es la *piedra angular*! Estos dos ministerios son una parte del fundamento sobre el que la iglesia puede depender, pero Jesús es el punto de apoyo fundamental: la piedra angular original de la que depende todo lo demás.

La importancia de los fundamentos

Los fundamentos son bases críticamente importantes; sin un fundamento es imposible construir adecuadamente. Mientras oraba una tarde, el Señor me mostró a un pastor que conocía que estaba en un proyecto de construcción para su iglesia. En una visión vi unos planos con pilares y noté el fundamento que había bajo uno de los pilares. En la visión, pude ver el lugar exacto de ese pilar en los planos, y sentí que algo no estaba bien con la sección de fundamento cerca de ese pilar en concreto.

Cuando llamé al pastor de esa iglesia y le conté mi visión, dijo que no sabía si algo estaba mal pero que lo comprobaría para asegurarse. Dijo que era importante que estuviera seguro de lo había sentido porque le costaría algo de dinero revisarlo. Cuando obtuvo los planos para examinarlos, descubrió algunos problemas exactamente en el área del pilar que yo había visto. Podría haber sido incluso más costoso si no lo hubieran revisado, porque el fundamento corría peligro. Podía haberles creado unos cuantos problemas en el futuro.

Estoy seguro de que ya puede ver el principio espiritual que estoy tratando en este ejemplo. Cuando el fundamento no está bien construido, aunque puede que no veamos las repercusiones inmediatamente, al final, cuando la tierra se asienta debajo y el edificio se mueve y está sujeto a las adversidades del tiempo, surgen los problemas. Estoy convencido de que hay muchos problemas en la iglesia de hoy que se podrían haber evitado si hubiéramos construido nuestros ministerios sobre los fundamentos apostólicos y proféticos adecuados.

Hay otros ejemplos bíblicos de estos dos ministerios fundamentales:

- *Los dos olivos*—Moisés (apostólico) y Elías (profético) (Zacarías 4; Mateo 17; Efesios 2:20; Apocalipsis 11).

- *Moisés y Aarón*—Moisés, un tipo de apóstol, fue enviado y edificador, y Aarón iba a ser su profeta (Éxodo 7:1).

- *La cabeza del hacha y el palo*—El hacha se usa para edificar (apostólico), y el palo ayuda en el proceso de edificar (profético) (2 Reyes 6).

- *Las dos trompetas*—Una trompeta se usó para juntar (apostólico) y el otro para advertir (profético) (Números 10).

- *El martillo y la espada*—El martillo es una herramienta de edificación (apostólico) y la espada era para pelear (profético) (Nehemías 4:17-18).

- *La nube de humo y la columna de fuego*—La nube (apostólico) cubre, protege y mueve la iglesia. El fuego (profético) revela las cosas ocultas en la oscuridad. Moisés (apostólico) tuvo comunión con Dios en una nube, y Elías (profético) se reunió con Dios en un carro de fuego (Éxodo 13:21-22; 2 Reyes 2:11).

Otros ejemplos de los ministerios de los dos olivos de apóstol y profeta se pueden encontrar también en las Escrituras en sentido literal. Pablo (un apóstol) y Bernabé (un profeta) viajaron en equipo (Hechos 13:1). El nombre *Bernabé* es caldeo, y significa "hijo de Nabas", o literalmente, el hijo de profecía. Además, Hechos 4:36 nos dice su apellido; José se interpretó como "hijo de consolación". Algunas traducciones dicen *ánimo*. Uno de los propósitos principales de la profecía es animar (1 Corintios 14:3), así que no hay mucha duda de que Pablo y Bernabé funcionaran como un equipo apostólico y profético.

El apóstol Pablo también viajó con Silas, de quien la Escritura dijo que era un profeta (Hechos 15:32).

Estos equipos ministeriales apostólicos y proféticos reclamaban nuevo territorio para el Señor e impartieron la unción de Dios mientras predicaban el reino de Dios. Se libera un tremendo poder cuando estos dos ministerios —los dos olivos— están funcionando juntos. Sin lugar a dudas, una de las razones por las que Pablo tuvo un ministerio tan eficaz fue porque tenía un profeta trabajando a su lado.

No quiero decir que cada ministerio o apóstol deba tener un

profeta personal como secuaz. Seguro que cuando los profetas y apóstoles trabajan juntos de cerca, es algo poderoso, pero eso no significa que Dios le obligue a tener un dúo de apóstol y profeta. Lo que quiero decir, no obstante, es que cada ministerio necesita un grado de idea, expresión e involucración profética. Después, a su vez, cada ministerio también necesita una fuente apostólica y conexión de donde alimentar y con la que estar en relación. Estas cosas ayudarán a mantener el fundamento del ministerio fuerte y andando mientras se construye. Asegúrese de que el fundamento de los dos ministerios y su unción están presentes en su ministerio y en su vida.

El diablo odia estos ministerios fundamentales, y ha intentado minimizarlos e incluso excluirlos, porque también sabe el poder que tiene un buen fundamento. Un buen ejemplo del deseo del enemigo de destruir este prototipo se encuentra en 2 Reyes, donde un rey malvado llamado Acaz comprometió la configuración del templo de Salomón.

> "Y cortó el rey Acaz los tableros de las basas, y les quitó las fuentes; y quitó también el mar de sobre los bueyes de bronce que estaban debajo de él, y lo puso sobre el suelo de piedra."
>
> —REYES 16:17

Cuando la casa de Salomón fue construida, fue equipada con un mar de fundición (2 Crónicas 4:2-6) que, de hecho, era una gran palangana de agua hecha de metal fundido de quince pies de ancho y siete pies y medio de alto. Era casi del tamaño de una piscina. Esta bañera gigante era el lugar de limpieza, particularmente para los sacerdotes, y reposaba sobre un fundamento de piedra de doce bueyes. En este ejemplo, el mar de fundición habla de un lugar de limpieza, que es la iglesia. En la Escritura a menudo encontramos que el buey indica el ministerio apostólico, el cual no trataremos de explicar en detalle aquí. El doce es también el número del reino. Jesús colocó su iglesia sobre un fundamento apostólico de orden del reino.

Sin embargo, el rey Acaz cambió este mar de fundición de su fundamento de bueyes y lo colocó sobre un fundamento de pavimento diferente. Proféticamente, eso nos dice que el diablo no quiere otra cosa que quitar a la iglesia de su fundamento apostólico, y eso es exactamente lo que han hecho la religión y la tradición con los fundamentos apostólico y profético de la iglesia. Han cortado estos dos ministerios vitales diciendo que ya no existen y que han terminado. También los quitan al no darles cabida ni voz en las iglesias y ministerios de hoy día.

Sin embargo, Jesús nos dijo que si recibíamos a un verdadero profeta del Señor, recibiríamos una recompensa de profeta (Mateo 10:41). En otras palabras, recibimos una bendición del ministerio de profecía. Una de estas recompensas es recibir los secretos del Señor.

Jesús enfatiza la importancia de recibir los dos ministerios de olivos de lo apostólico y profético en los Evangelios, enviando a sus profetas y apóstoles. Sin embargo, incluso entonces, la gente no los recibía.

> "Por eso la sabiduría de Dios también dijo: Les enviaré profetas y apóstoles; y de ellos, a unos matarán y a otros perseguirán, para que se demande de esta generación la sangre de todos los profetas que se ha derramado desde la fundación del mundo, desde la sangre de Abel hasta la sangre de Zacarías, que murió entre el altar y el templo; sí, os digo que será demandada de esta generación."
> —LUCAS 11:49-51

Es un asunto muy serio rechazar o perseguir a un verdadero apóstol o profeta del Señor. Dios no veía bien a los que rechazaban a los profetas. La generación que se menciona arriba rechazó y persiguió a los verdaderos profetas de Dios. ¡Jesús les dijo que toda la sangre desde Abel hasta Zacarías les será demandada!

¿En qué se diferencia esto de nuestros días? Puede que no estemos matando literalmente a los profetas de Dios, pero en algunos círculos ciertamente estamos matando la operación de los profetas y esa unción. No creo que en la mente de Dios sea muy distinto, porque estamos limitando una unción fundamental importante que Él diseñó para la iglesia.

Puede que piense: "¡Sí, pero los profetas de la Biblia no son como los profetas de hoy con todos sus problemas y su mal comportamiento!". Creo que hemos establecido el hecho de que incluso los profetas de la Biblia tenían debilidades; sin embargo, la debilidad humana de la actualidad no puede ser una excusa para arrojar del todo la expresión profética. Dios aún confía en los profetas, aunque no sean vasos perfectos. Necesitamos profetas hoy, y no debemos ser como otros en esta generación que persiguen o rechazan a los profetas o la unción profética.

PROFETAS Y SIERVOS

Como uno de los olivos, o ministerios fundamentales, el llamado profético es un don del Señor para atender a las necesidades de otros. Dios cree tanto en el ministerio de sus profetas, que quiere dialogar todos sus planes con ellos antes de llevarlos a cabo en la tierra.

> "Porque no hará nada Jehová el Señor, sin que revele su secreto a sus siervos los profetas."
>
> —AMÓS 3:7

Este versículo dice que Dios no hará nada a menos que primero hable con un profeta. También identifica a los profetas de Dios como "sus siervos". Dios quiere que veamos el ministerio profético no como un ministerio de arrogancia y prominencia, sino más bien como un ministerio de servicio en el reino en humildad. Los profetas hacen esto animando, consolando y fortaleciendo a la gente con los secretos del Señor, los cuales exhiben a través de su corazón de siervo.

Jesús fue el primer gran ejemplo de un siervo. La Biblia dice que se humilló a sí mismo y tomó forma de siervo (Filipenses 2:7). Él estableció el precedente para el resto de nosotros. Cuanto más usemos nuestro don para servir a otros en amor, humildad y desinterés, más recibiremos sus secretos.

PROFETAS CONTRA GENTE PROFÉTICA

No todos estamos llamados a ser profetas. Los profetas son aquellos a quienes Dios ha escogido para realizar un oficio de ministerio. Sin embargo, estamos llamados a ser gente profética que apoya y cultiva un entorno profético. Podemos hacer esto principalmente involucrándonos en el ministerio del profeta. También lo podemos hacer levantando creyentes que puedan ser usados para profetizar. Incluso podemos aumentar la atmósfera de lo profético a través de la música (1 Crónicas 25:1). En 1 Samuel 10:5, encontramos una compañía de profetas que venía con instrumentos de música y comenzó a profetizar mientras los tocaban. Como resultado, incluso Saúl comenzó a profetizar en esa atmósfera (versículo 11). La música correcta puede sacar lo profético de las personas.

El oficio y llamado de profeta vienen con un nivel más alto de responsabilidad, porque un nivel más alto de los secretos de Dios le será revelado de forma regular. Seguro que Dios puede usar a creyentes comunes para recibir secretos de alto nivel, y Él lo hace, pero con el profeta, Dios da estos tipos de planes y secretos de forma regular porque es parte de su trabajo.

Sólo porque algunos proficeten no significa que la persona sea un profeta. Algunos son profetas, mientras que otros simplemente son usados para profetizar. Note el versículo de abajo:

> "Y él mismo constituyó a unos...profetas".
>
> —EFESIOS 4:11

Como Dios constituyó a unos profetas, tenemos que dejarles su espacio. ¿Quiénes somos nosotros para decir que no les necesitamos cuando Dios los constituyó? "Y a unos puso Dios en la iglesia, primeramente apóstoles, luego profetas, lo tercero maestros, luego los que hacen milagros, después los que sanan, los que ayudan, los que administran, los que tienen don de lenguas" (1 Corintios 12:28). Dios *les puso* en la iglesia, y nosotros no deberíamos quitarlos. En cambio, deberíamos permitir que su ministerio tuviera un lugar. Las iglesias que eliminan el ministerio de los profetas —o cualquier otra cosa que Dios haya puesto en la iglesia, en este caso— finalmente se verán desprovistas del poder de Dios y comenzarán a parecerse más a una reunión social que carece de la demostración del Espíritu Santo.

A lo largo de mis años en el ministerio, me he dado cuenta de lo mucho que se ha malentendido el ministerio profético, y también he aprendido la fuerte responsabilidad y prueba que acarrea el llamado al oficio de profeta. Recuerdo las veces cuando Dios confirmó el llamado profético en mi vida. En ese entonces, no tenía idea por el camino en que el Señor me llevaría para desarrollarme en el ministerio de profeta. Ese llamado no vino por nombramiento propio, sino que el Señor primero habló a mi corazón y me enseñó sobre los profetas en la Escritura. Después, fue confirmado a través de ministros probados y válidos, y lo más importante, por mi propio pastor. El proceso para entrar en el llamado de un profeta no es siempre un proceso fácil.

Mi llamado profético fue confirmado públicamente cuando un ministro me llamó entre la audiencia cuando estaba comenzando en el ministerio y me habló sobre el llamado profético en mi vida. Durante un tiempo, otros ministros probados y sólidos me llamaban para decirme que tenía un llamado profético para ser profeta en cada reunión a la que asistía. Sabía que Dios me estaba hablando de forma sobrenatural y confirmando las palabras de mi pastor.

¿Sabe que incluso Jesús tuvo una confirmación profética en relación con su llamado cuando el profeta Juan el Bautista le vio caminando hacia el río Jordán para ser bautizado? Juan dijo: "He aquí el Cordero de Dios, que quita el pecado del mundo" (Juan 1:29). Su llamado fue reconocido y confirmado ante testigos.

Yo nunca había pedido o querido ser llamado al ministerio profético. Fue algo que vino durante un tiempo en el que recibí persecución por parte de un ministro que me desanimó diciéndome que era demasiado joven y que no podría ser llamado como profeta. Tenía unos veinte años en ese entonces, y nunca entendí ese punto de vista, porque Jeremías fue llamado a ser profeta desde el vientre de su madre.

Por un tiempo, esas palabras me afectaron profundamente, y sentí que no podía oír de Dios o hablar por Él. Casi destruyó mi capacidad de fluir en las cosas proféticas de Dios. Experimenté mucha persecución, confusión y dolor durante esa época de mi vida. Sin embargo, durante ese tiempo aprendí mucho sobre los profetas. Aprendí muchas lecciones sobre la humildad y lo que significa morir al yo. Como puede ver, a veces Dios tiene que ver lo bajo que usted está dispuesto a doblarse para que sepa lo alto que Él le puede levantar en el llamado. Dios fue fiel al enviar a los que me profetizaron para que yo no tirase la toalla en ese llamado.

Ahí es donde muchos que son llamados a ser profetas lo estropean, ya que dejan que otros les desanimen, así que corren como reses salvajes sin someterse a nadie. Son ellos mismos los que se levantan, a menudo con métodos proféticos temerarios, o se aíslan con su don y dan por terminado el que Dios pueda usarles. Cada verdadero profeta tendrá que sufrir algún tipo de persecución, rechazo, sentimientos de aislamiento y falta de comprensión, pero todo eso es parte del proceso de madurez para convertirse en un portavoz del Señor.

EL VERDADERO PROFETA

La Escritura nos da una definición clara de un verdadero profeta. La palabra *profeta* en el Antiguo Testamento hebreo es *nabiy*, que es simplemente un hombre inspirado por Dios. Al femenino se le denomina *profetisa*, que es *nabiyah*, o una mujer inspirada por

Dios. Cualquier cristiano puede recibir la inspiración divina, pero un profeta es único porque su inspiración está diseñada específicamente para hablar y comunicar un mensaje especial de Dios.

El diccionario hebreo e inglés *Brown-Driver-Briggs* dice que el propósito expreso de un profeta es ser un *vocero o vocera*. ¿De qué forma puede ser un vocero? Profetizando las cosas que Dios quiere decir; y esta tarea se convierte en un requisito regular para él. En el Nuevo Testamento, *Thayer's Greek Definitions* describe el profeta del Nuevo Testamento como "uno que declara solemnemente lo que ha recibido por inspiración, especialmente en relación con futuros eventos". Estas definiciones describen las cualidades de un profeta. Otro término usado para describir al profeta incluye: "ver, oír, sentir, saber por la influencia del Espíritu Santo, capacitar, instruir, consolar, animar, convencer, discernir y predecir ciertos eventos futuros".

He conocido a algunas personas que sugieren que una persona está identificada como un profeta por su fuerte personalidad y temperamento. Una vez conocí a un hombre a quien muchos llamaban profeta porque era un refunfuñón y supuestamente tenía un *temperamento profético*. Él veía las cosas como blanco o negro, con mucha decisión, y exhibía un comportamiento duro, haciendo que muchos sacaran sus conclusiones. Pero según las funciones y requisitos bíblicos, no funcionaba en el oficio de profeta.

Su personalidad tiene poco que ver con su tipo de llamado. Su personalidad sólo hace que su llamado sea único y especial. Los profetas, según la Biblia, son los que están llamados por Dios para entrar en un oficio espiritual y ser los voceros de Dios divinamente inspirados. Para decirlo aún de forma más simple: *el hombre o la mujer llamados específicamente para ser un mensajero de Dios habla bajo la inspiración divina de Dios.*

Dios se comunica con y a través de los profetas de formas sobrenaturales, como visiones, sueños u otras experiencias espirituales bíblicas. Según 1 Corintios 14:3, los profetas también pueden profetizar con el simple don de profecía, que es de naturaleza genérica y levanta y anima. Pero a menudo estará en un mayor nivel de revelación, autoridad, entendimiento y expresión. Los profetas, como están apartados para un oficio ministerial, a veces también pueden hablar en términos de corrección, dirección, revelación, instrucción, advertencia, reprensión y conocimiento previo de futuros eventos. Esto es muy diferente a todos los creyentes que profetizan pero que no tienen una autoridad posicional para gobernar en la iglesia a través de sus palabras proféticas.

Un profeta del Señor Dios no se selecciona o escoge a sí mismo, sino que un profeta debe ser ordenado por Dios y debería ser confirmado como tal por el liderazgo de la iglesia local o el grupo que dirija. He conocido a muchos que se autodenominan *profetas* y no lo son. En primer lugar, no ejemplifican la unción necesaria o el llamado para ser profeta. En segundo lugar, muchos se llaman profetas sin haber sido ordenados por nadie, y no están bajo ningún tipo de autoridad espiritual que juzgue sus palabras, fruto, carácter o estilo de vida. No están conectados a ninguna iglesia legítima o ministerio que les dé cobertura. Puede que tengan el llamado para ser profetas, pero nunca han sido ordenados en esa posición bajo un liderazgo apropiado, y a menudo son muy malos ejemplos de unos verdaderos profetas.

Otros puede que sean parte de un ministerio legítimo, pero intentan operar proféticamente sin que sus líderes lo sepan. A este tipo de actividad lo llamo *operaciones proféticas secretas*, u OPS. Una persona a la que conocí se llamaba a sí mismo profeta e iba por ahí sintiendo la necesidad de visitar iglesias a las que no asistía. Rehusaba dejar que alguien le dijera algo porque sentía que nadie oía a Dios como él. Así, rehusaba ser parte de ningún ministerio, no estaba conectado a ninguna iglesia local ¡pero estaba en el ministerio del "viaje"! Sentía que su llamado era asistir a reuniones en una iglesia diferente cada semana y llevaba la palabra del Señor a esa iglesia, a menudo llena de dureza y reprensión. No encontrará esto en las iglesias del Nuevo Testamento, ¡es algo fuera de orden! Los profetas bíblicos ordenados iban a las iglesias a llevar palabras de aliento y a confirmar muchas cosas a aquellos con los que estaban en relación.

Incluso así, debemos recordar que hay más profetas buenos del Señor que malos que rehúsan rendir cuentas. Todos hemos visto abusos de manipulación y control, y no quiero decir con esto o sugerir un énfasis especial en el rendir cuentas y la sumisión, pero no podemos rechazar la autoridad bíblica y el dar cuentas —o profetas— en nuestras iglesias. La Biblia enseña claramente que los profetas tienen que ser ordenados y enviados bajo una buena y establecida autoridad.

> "Había entonces en la iglesia que estaba en Antioquía, profetas y maestros: Bernabé, Simón el que se llamaba Niger, Lucio de Cirene, Manaén el que se había criado junto con Herodes el tetrarca, y Saulo. Ministrando éstos al Señor, y ayunando, dijo el Espíritu Santo: Apartadme a Bernabé y a Saulo para la obra a que los he llamado. Entonces, habiendo ayunado y orado, les impusieron las manos y los despidieron."
>
> —Hechos 13:1-3

A Pablo, al que se hace referencia en este versículo como Saulo, no le enviaron sus papeles de ordenación vía alguna compañía de ordenación, sino que fue ordenado por los que le conocían. No se tituló a sí mismo y comenzó a repartir sus tarjetas de presentación por toda Antioquía. No, sino que sirvió como profeta y maestro *en la iglesia de Antioquía*. Él sometió allí su don, y luego, cuando le pareció bien al Espíritu Santo y a los líderes de esa iglesia, fue liberado. Además, su llamado fue confirmado y evidente para el cuerpo de Cristo en general.

No hay dos profetas iguales, al igual que no hay dos personas iguales. La Biblia nos dice que habrá diferentes administraciones, operaciones y dones que llegan cuando se ministra en el Espíritu. De igual modo, hay diferentes tipos de profetas.

- Profetas a las naciones (Jeremías 1:10)
- Profetas cantores y salmistas (1 Samuel 16:23)
- Profetas de eventos y elementos (Hechos 11:27; 1 Reyes 17:1)
- Profetas a la iglesia local (Hechos 13:1)
- Profetas al cuerpo de Cristo (Hechos 15:32)
- Profetas a individuos (Hechos 21:11)

BOCA A BOCA

Cuando Dios hable a través de sus profetas, lo hará con un método que me gusta llamar *boca a boca*. Así es como Dios le habló a su siervo Moisés, y también habló a sus profetas con el mismo método.

> "Y él les dijo: Oíd ahora mis palabras. Cuando haya entre vosotros profeta de Jehová, le apareceré en visión, en sueños hablaré con él. No así a mi siervo Moisés, que es fiel en toda mi casa. Cara a cara hablaré con él, y claramente, y no por figuras; y verá la apariencia de Jehová. ¿Por qué, pues, no tuvisteis temor de hablar contra mi siervo Moisés? Entonces la ira de Jehová se encendió contra ellos; y se fue."
> —NÚMEROS 12:6-9

Cuando pensamos en el boca a boca, pensamos en la resucitación y cómo puede salvar la vida de una persona que se está muriendo. Cuando una administra el boca a boca, uno pone su hálito en el otro. El boca a boca es también un cuadro de lo profético. Cuando Dios habla boca a boca a un profeta, entonces el profeta puede a cambio usar lo que Dios pone en su boca para soplar vida a otros. Vemos en 2 Reyes 4, cuando el hijo de la mujer sunamita muere, que fue el profeta Eliseo quien devolvió al chico a la vida, y usó el boca a boca para que ocurriera tal cosa. Sin embargo, no fue un boca a boca natural, sino un boca a boca espiritual, ya que fue el soplo de la unción profética.

> "Después subió y se tendió sobre el niño, poniendo su boca sobre la boca de él, y sus ojos sobre sus ojos, y sus manos sobre las manos suyas; así se tendió sobre él, y el cuerpo del niño entró en calor. Volviéndose luego, se paseó por la casa a una y otra parte, y después subió, y se tendió sobre él nuevamente, y el niño estornudó siete veces, y abrió sus ojos."
>
> —2 Reyes 4:34-35

El niño regresó a la vida por el ministerio del profeta. La boca del profeta representa el hálito y la vida de Dios. El acto profético de Eliseo nos muestra las diferentes expresiones usadas en el ministerio del profeta. El boca a boca habla del ministerio profético como un ministerio de proclamación, sacando hacia afuera el aliento de Dios. Son las palabras de Dios dadas al profeta para otros a través de la profecía.

Luego vemos que Eliseo puso sus ojos sobre los ojos del chico, lo cual habla de lo profético como un ministerio de visión. Esto puede ser a través de visiones y sueños.

Las manos de Eliseo estaban sobre las manos del chico, representando un ministerio de servicio. Recuerde que los secretos de Dios les pertenecen a sus siervos los profetas.

Por último, el hecho de tenderse sobre el niño implica que el ministerio profético es para todo el cuerpo. Cuando se ministra en el espíritu correcto, revitalizará y recalentará al cuerpo de Cristo, como lo hizo con este chico. Este ejemplo revela que cuando los profetas y la profecía fluyen correctamente, darán vida a individuos, ciudades, gobiernos, naciones e iglesias.

El boca a boca es exactamente lo que el Señor hizo con Adán cuando sopló hálito de vida en él. Adán entonces cobró vida y se convirtió en el primer vocero de Dios. El boca a boca de Dios es su aliento, voz y palabras, las cuales pone en nosotros para que demos vida a otros y les revitalicemos. Y la impartición boca a boca de Dios reside en sus profetas.

EL LLAMADO AL LUGAR SECRETO

El boca a boca es una forma íntima de comunicación. Para recibirla, tenemos que fijar un tiempo y un lugar para buscar al Señor íntimamente. Hay un llamado a un lugar de comunión que cada siervo profético debe desarrollar. Así es como Moisés recibió los secretos boca a boca de Dios. Los profetas que son siervos del Señor oyen y revelan los secretos del Señor. Una de las principales formas en que reciben la palabra del Señor es habitando o estando en la presencia de Dios. Esto es lo que yo llamo *el lugar secreto* de sus secretos. Cuando el Señor prepara al profeta, Él le llama a ese lugar secreto para enseñarle cómo recibir los secretos de Dios.

Todavía recuerdo el día en que la voz del Señor vino a mí. Estaba conduciendo el auto y llevaba en el ministerio unos pocos años. De repente, la voz del Señor me habló algo que me hizo hacerme a un lado con el auto; me golpeó tan fuerte que comencé a llorar por lo que le oí decir al Espíritu Santo. Me dijo: "Hank, quiero que dejes el púlpito durante un año. Durante los próximos siete años, serás como José en la Biblia y experimentarás muchos desafíos".

Mi respuesta fue: "¿Por qué dejar el púlpito por un año, Dios? ¿No sabes que estoy intentando ser un ministro que viaja y que esto es mi vida y mi llamado? ¿A qué te refieres con siete años?".

Claro está, nada de eso tuvo sentido para mí hasta unos años después. Durante esos siete años, mi esposa y yo experimentamos muchas pruebas en nuestra preparación para el ministerio. Él pretendía que esos siete años fueran una etapa donde yo estuviera en un lugar secreto con Él, una etapa que me prepararía para recibir sus palabras boca a boca.

Fueron los años más difíciles de mi vida y ministerio. Me quise morir muchas veces; me despidieron dos veces y tuve que dejar nuestra primera casita que habíamos comprado de recién casados. Sufrimos revés tras revés, herida tras herida. A menudo estaba confundido, incierto de si verdaderamente había sido llamado, pero Dios estaba formando mi carácter y desarrollando mi don. Mirando atrás a esos siete años, le doy gracias a Dios por ese tiempo. Creo que me ayudó a ser una mejor persona y un mejor ministro.

El Señor hizo lo mismo con muchos de sus siervos y profetas en la Escritura. Estas épocas cuando Dios moldea nuestro carácter no están limitadas a los profetas, sino que Dios pondrá profetas en estas etapas. Dios siempre hizo pasar a sus profetas por muchas cosas, incluso escondiéndolos mientras les preparaba para ser sus portavoces, como fue el caso de Elías, diciéndole: "Apártate de aquí, y vuélvete al oriente, y escóndete en el arroyo de Querit, que está frente al Jordán" (1 Reyes 17:3).

Dios ocultó a Elías diciéndole que fuera al arroyo de Querit, donde estaría apartado del ojo público, y debía estar ahí hasta que el Señor le sacara. Este es un proceso importante para los que el Señor levanta para ser sus portavoces. Tenemos que esperar, permitiéndole a Dios que nos haga ser las personas que Él quiere que seamos, para que pueda desarrollar nuestro llamado. Nunca debemos olvidar que la promoción viene de Dios. Cuando Dios esconde a un profeta en proceso, la persona debe aprender a confiar en Él y en el proceso. Dios le estaba preparando para que un día profetizara al rey Acab y a Jezabel. Tendría que estar solo con confianza, y expresar las palabras que no les iban a hacer muy felices a este rey y esta reina.

La iglesia local puede ser u *lugar secreto de escondite* donde Dios prepara y entrena a sus profetas hoy, igual que los profetas en la iglesia local en Antioquía eran entrenados allí antes de ser enviados después a ministrar como una extensión de la iglesia. Este es un punto que muchos no captan en lo profético. Es posible tener un don legítimo —e incluso ser llamado a ser profeta— y a la vez pasar por alto el lugar de escondite de la iglesia local.

Había tres lugares físicos donde Eliseo fue que representan su etapa de escondido. Contienen algunas verdades proféticas al entender el desarrollo de un profeta. Fueron Querit, Sarepta y Beerseba.

- *Querit* (1 Reyes 17:3). El significado de la palabra *Querit* es un lugar o valle de sequedad o, en otras palabras, el desierto. Es donde Dios nos humilla, nos provee y ve qué hay en nuestro corazón, como lo hizo cuando preparaba a los hijos de Israel para entrar en la tierra prometida en Deuteronomio 8:2. Muchos grandes hombres de Dios recibieron su preparación en el desierto, incluyendo a Elías, Moisés, Juan el Bautista, Jesús y el apóstol Pablo. En este lugar secreto de preparación, puede que sienta que está en un desierto donde todo está seco y sin vida. Aquí aprende a profetizar su destino y a mantener su relación con Dios a pesar de lo seco que se sienta. Aprende a no basar su vida en los sentimientos sino en el destino que Él le ha prometido.

- *Sarepta* (1 Reyes 17:9). Este lugar representa el lugar de fuego y refinamiento, donde el Señor le prepara para ser su vocero profético. El significado de la palabra *Sarepta* es el lugar ardiente. En el proceso del refinamiento de Dios, podemos sentir que el calor de la preparación es mayor de lo que podemos soportar. Es aquí donde muchos sienten que han sido desamparados, es aquí donde Dios desarrolla el carácter. El profeta en este lugar espiritual aprende cómo la misericordia triunfa sobre el juicio, aprende humildad y que no es el único que oye y habla de parte de Dios. Había otros siete mil en esa experiencia con Elías, aunque él creía que era el único profeta que quedaba. Dios estaba purificando su don.

- *Beerseba* (1 Reyes 19:3-10). En hebreo, este lugar significa "el lugar del pozo o foso". Es también otro lugar que Dios usa para preparar a sus profetas. Fue donde Elías afrontó cosas que estaban intentando desanimarle en su llamado, y Elías tuvo que aprender a vencer el sentimiento de soledad y aislamiento. Trató con el rechazo y el sentimiento de querer abandonar, y luego sintió que estaba sintiendo autocompasión. Así es como a menudo se sienten los siervos proféticos cuando Dios los oculta.

Cuando Dios hace a sus profetas, les hace pasar por muchos de los ejemplos que hemos visto de la vida de Elías para que aprendan a permanecer en la unción del olivo de la profecía. Interrumpir el proceso a través de la no disponibilidad podría únicamente prolongarlo.

Cuando Dios me estaba haciendo pasar por los siete años de preparación, quería desarrollar un buen carácter. Lo profético era algo muy importante en mi vida. Una vez, cuando visitaba una iglesia, uno de los miembros del grupo de alabanza de esa iglesia me llamó y me cantó una canción profética. El Señor me habló a través de esa canción y me dijo que no se había olvidado de mí, que no me dejaría desviar del camino, y me dijo que me estaba llamando a un lugar secreto en Él. Esa canción profética decía que si iba a ese lugar y tiempo con Dios, un día vería tierras extrañas. Hoy esta profecía se ha cumplido, ya que mi esposa y yo viajamos por todo el mundo. ¡No me atrevo a pensar dónde estaría si no hubiera ido al lugar secreto para esconderme en Él!

Este proceso puede parecer largo, y a veces podría sentir que ha fallado. Durante mi etapa de preparación, tuve una visión. Vi a alguien al que conocía que estaba predicando y ministrando a miles en lo que parecía ser un vaso dorado. Luego me vi a mí mismo, en esa misma visión, roto en millones de pedazos en el suelo. Mi aspecto parecía que no era bueno, y que estaba sin esperanza. De repente la visión cambió, y ahora estaba de pie predicando como un vaso dorado, mientras la persona que había visto predicando primero ahora estaba rota en millones de trozos.

Entonces el Señor me dijo: "Hank, me has permitido quebrarte para que pueda promoverte, pero esa persona permitió que el hombre le promoviera, y por eso el diablo un día le romperá a él". Esa persona nunca había pasado por un tiempo de preparación. La visión me animó a creer que un día me iría bien porque le estaba permitiendo a Dios que me quitara las cosas que no le eran agradables.

La clave final

Como colofón a este capítulo sobre el don de Dios del profeta, quiero darle una última clave que encontramos en 2 Reyes 4:8-10, una vez más de la historia de Eliseo y la mujer sunamita. Después de que el profeta pasara varias veces por la casa de la mujer sunamita y su marido, finalmente ella decidió que debería prepararle una habitación especial, una recámara, y darle un lugar para que se quedara. Eliseo accedió y recibió su oferta. Su casa quedó en ese instante unida a lo profético.

Proféticamente, la iglesia necesita preparar una recámara para los profetas y lo profético, no hablando en lo natural, sino espiritualmente. En otras palabras, es necesario *dejar una habitación* para lo profético. A cambio, los profetas tienen que estar dispuestos a hacer su recámara por voluntad propia —o morada— en la habitación preparada en la iglesia local, como lo hizo Eliseo.

Hay varias cosas que la mujer sunamita usó en esta historia para hacer una habitación para el profeta. Las cosas que proveyó en su habitación eran cosas que nosotros debemos proveer en nuestras iglesias para hacer hueco para lo profético y los que tienen un llamado profético.

- *La recámara*— La recámara es un lugar donde morar y encontrar estabilidad. Cuando usted tiene una recámara o habitación, no se siente sin hogar. Hacer una habitación para lo profético es proporcionar una atmósfera que lo reciba y un lugar donde las personas proféticas de Dios pueden ser entrenadas y equipadas. Habla de la iglesia local recibiendo y proveyendo un lugar para albergar o acomodar el ministerio profético. De esta forma, la iglesia se puede unir con lo profético.

- *Una cama*— Este es un lugar para orar y descansar. Es aquí donde el profeta aprende a oír los secretos del Señor. También habla de someter su don a la autoridad y descansar para que Dios pueda hablarle boca a boca. Los profetas deberían sentirse bienvenidos en nuestras iglesias y no sentir que su ministerio es un inconveniente.

- *Una mesa*— Esto está diseñado para madurar al creyente en la carne de la Palabra de Dios, no sólo la leche que es para los bebés espirituales. Esto nos vuelve a hablar de tener un lugar para alimentarse y crecer para ayudar a su don profético. Las iglesias deberían alimentar y enseñar a ayudar a los profetas y la gente profética.

- *Un taburete*— Este es un lugar de posicionarse uno mismo en un asiento espiritual para reinar en su don con la autoridad de Dios. Este es un lugar para aprender a funcionar en su don profético bajo la debida autoridad. No somos profetas para todo el mundo y para todo, y tendremos que aprender los límites de nuestra propia autoridad. Debemos saber cómo estamos sentados y posicionados en la autoridad que Dios nos da.

- *El candelabro*— Este es un lugar de revelación, que está disponible para los que permitirán que Dios les moldee en lo profético. El candelabro da luz y entendimiento por medio de lo cual podemos leer el corazón de Dios y recibir la revelación de Él mismo.

Estos artículos estaban en la casa de la mujer sunamita, y son artículos que se necesitan proféticamente para facilitar que se levanten profetas y se conviertan en los dones ungidos que Dios quiere que sean. No son elementos opcionales, sino fundamentales. Los profetas son vasos ungidos que Dios ha puesto en la iglesia, no para que sean un problema, sino una bendición maravillosa. Ya sea que usted esté llamado al oficio de profeta o simplemente desee que Dios le use para profetizar, permítame animarle. Si permite que el Señor le prepare, casi con toda seguridad será usado en esta unción que es tan querida para el corazón de Dios. Sí, los profetas son regalos de Dios, preparados y hechos por Él.

EL SECRETO DE LA PALABRA Y EL ESPÍRITU

Pues nuestro evangelio no llegó a vosotros en palabras
solamente, sino también en poder, en el Espíritu Santo.

—1 Tesalonicenses 1:5

L A MÚSICA SE TRANQUILIZÓ ANTE EL SONIDO DE ALGUIEN en la congregación que comenzaba a profetizar. Me encontraba ahí de visita con una ministro amigo mío que era el orador invitado. Desde el lado derecho de la congregación, esta persona comenzó a profetizar en un tono correcto sobre cómo la iglesia necesitaba volver a la Palabra de Dios caminando en amor y no dedicando demasiado tiempo a la profecía o los dones espirituales. Esta profecía mencionó que se trataba de "¡la Palabra... la Palabra... la Palabra!".

La gente del lado derecho comenzó a gritar y aplaudir, dando su conformidad a esta palabra. De repente, cuando esta persona terminaba su profecía, alguien desde el lado izquierdo de la congragación comenzó a profetizar más alto y ruidosamente que el de la derecha. Esta profecía corrigió a la iglesia en cuanto a enfocarse demasiado en la Palabra solamente y sobre caminar en un falso amor. Esta persona siguió dando la profecía en un tono de corrección y contradijo la primera profecía diciendo que ahora se trataba del Espíritu en ese día, y que esta iglesia necesitaba recibir el Espíritu. La gente que estaba en el lado izquierdo comenzó a aplaudir esta patética profecía.

Estas dos profecías eran tan contradictorias como se pueda imaginar, y estaban tan divididas como la iglesia misma, ¡incluso con diferentes grupos sentados en lados opuestos de la iglesia!

Yo estaba allí de pie escuchando, sin poder creer lo que estaba oyendo, aunque no me debería haber sorprendido tanto, porque anteriormente, antes de la reunión, mi amigo y yo estábamos orando juntos y el Señor comenzó a darme una visión espiritual de esa reunión. Ninguno de nosotros dos habíamos estado allí nunca, y nunca volveríamos. Le había dicho a mi amigo que vi a una persona en el lado derecho de la iglesia que comenzaba a profetizar, sosteniendo su Biblia y batiéndola en el aire con una mirada airada. Luego también vi en la visión una segunda persona profetizando, pero en el lado izquierdo, contradiciendo lo que decía la persona del lado derecho. Le dije a mi amigo: "Parece que esta iglesia está dividida en cuanto a la Palabra y el Espíritu de Dios".

Lo que había visto antes ahora se estaba desarrollando ante nuestros ojos. Era aparente que algunas personas sentían la necesidad de más predicación o enfoque en la Palabra de Dios, la Biblia, y menos énfasis en los dones del Espíritu, como sugería la profecía. También era bastante obvio que la otra mitad de la iglesia sentía que había demasiada Palabra de Dios en esa iglesia y que se necesitaba funcionar más en los dones del Espíritu.

¡La verdad del asunto era que esa iglesia muy dividida necesitaba tanto la Palabra de Dios como el Espíritu de Dios! Las dos cosas son vitales y necesarias en la vida de una iglesia y deberían trabajar juntas y concordar.

EL ESPÍRITU Y LA PALABRA CONCUERDAN

Necesitamos un buen equilibrio entre la Palabra y el Espíritu en nuestras iglesias. Necesitamos la estabilidad que aporta la Palabra de Dios, pero tenemos que añadir vida y poder a través de la manifestación del Espíritu Santo. Los movimientos y manifestaciones del Espíritu Santo son lo que da vida y confirma la verdad de la Palabra predicada. No podemos tener una sin la otra, ya que si sólo tenemos la Palabra, corremos el riesgo de volvernos religiosos, teológicos y muertos, pero si sólo tenemos el Espíritu, creamos un ambiente de inestabilidad y desorden.

También necesitamos los dos en lo profético. Necesitamos la profecía de la Escritura, y también necesitamos la profecía que viene del Espíritu de Dios.

> "Entendiendo primero esto, que ninguna profecía de la Escritura es de interpretación privada, porque nunca la profecía fue traída por voluntad humana, sino que los santos hombres de Dios hablaron siendo inspirados por el Espíritu Santo."
>
> —2 Pedro 1:20-21

En este versículo de la Escritura vemos que la Palabra de Dios y el Espíritu trabajan juntos en acuerdo. Es el Espíritu Santo quien inspiró la Palabra escrita de Dios, y Él es también el que inspira la profecía. La forma más alta de profecía es la Palabra escrita de Dios. La palabra usada en griego es *logos*, que es la Palabra escrita de Dios. También está el espíritu de la profecía, o las expresiones actuales del Espíritu Santo, que en griego usan la palabra *rhema*. Esto se refiere a la palabra hablada.

Se necesita tanto la palabra logos como la palabra rhema para oír y revelar los secretos del Señor. Jesús dijo que el hombre no vive sólo de pan (Lucas 4:4). Esto se refiere no sólo al pan natural sino también al pan sobrenatural de la Palabra de Dios logos. En otras palabras, no podemos tener sólo la palabra escrita, ya que también necesitamos cada palabra que proceda de la boca de Dios, lo cual es rhema. La Palabra de Dios y el Espíritu de Dios deben trabajar juntos o concordar.

Al igual que la Palabra y el Espíritu trabajan juntos, nosotros también debemos trabajar con ellos si queremos tener éxito y heredar todo lo que Dios tiene para nosotros. Nuestras profecías deberían estar siempre en concordancia con las Escrituras. La Biblia es la vara de medir de nuestras palabras proféticas. Como persona de la Palabra y el Espíritu, usted no se puede contentar sólo con la profecía escrita de la Escritura—la Palabra de Dios —sino que también debe incorporar el sobrenatural funcionamiento actual del Espíritu Santo. Aunque la Palabra es el fundamento de nuestro caminar cristiano y es vitalmente importante, necesitamos ver la necesidad del movimiento del Espíritu Santo y la profecía.

Predicar sólo la Palabra, sin énfasis alguno en el Espíritu Santo y sus dones, puede resultar en iglesias e individuos que se quedan sin vida, poder y vacíos de toda manifestación del Espíritu Santo. Escuché a un hombre decirlo así hace años: "Sólo con la Palabra de Dios, se secarán, pero sólo con el Espíritu, ¡lo estropearán!". Si tenemos el Espíritu solamente y ningún fundamento bíblico sólido o doctrina correcta de la Palabra de Dios, estamos desequilibrados. Se necesitan los dos.

> "El peso falso es abominación a Jehová; mas la pesa cabal le agrada."
> —PROVERBIOS 11:1

Un peso justo de la Palabra y el Espíritu es agradable para el Señor, y necesitamos un equilibrio saludable de los dos. Estos trabajan juntos como una herramienta poderosa. Gritar, danzar e incluso profetizar, y tener las manifestaciones de los dones del Espíritu Santo es magnífico, y no hay nada malo en eso mientras le demos la misma importancia a la Palabra de Dios.

Sin embargo, creo que estamos en un tiempo crucial y muy peligroso en el cuerpo de Cristo hoy día, y si no comenzamos a tener experiencias de la llenura del Espíritu en nuestras iglesias junto con una dieta correcta de la Palabra, entonces esta generación puede que sólo lea de las experiencias espirituales pasadas y nunca lo experimenten por ellos mismos. Con demasiada frecuencia se predican las Escrituras sin poder del Espíritu Santo que lo acompañe, y cuando ese es el caso, podemos volvernos religiosos, tradicionales, rígidos y predecibles, con poco o ningún mover del Espíritu Santo de ningún tipo. La Palabra sin el poder de Dios puede convertirse en palabras encantadoras de sabiduría humana sin ninguna demostración de su poder.

> "Y ni mi palabra ni mi predicación fue con palabras persuasivas de humana sabiduría, sino con demostración del Espíritu y de poder."
>
> —1 Corintios 2:4

Se convierte en lo que yo llamo "cristianismo de tipo Juan el Bautista", donde se predica la Palabra sin ninguna demostración de poder. Juan el Bautista predicó el reino de Dios, pero lo hizo sin ninguna demostración de milagros. Su único propósito era enfatizar y dirigir la atención a la Palabra: Jesucristo. Juan se ocupó sólo de la Palabra: "Y muchos venían a él, y decían: Juan, a la verdad, ninguna señal hizo; pero todo lo que Juan dijo de éste, era verdad" (Juan 10:41). No es bueno que nos quedemos atrapados en la Palabra sin la demostración del poder.

Sin embargo, por otro lado, si nuestras reuniones están basadas sólo en las manifestaciones del Espíritu Santo sin la enseñanza y el alimento de la Palabra de Dios, corremos el riesgo de levantar una generación de creyentes inestables e indisciplinados que no puedan vivir por fe, especialmente cuando el día se oscurezca. En Lucas 18:8 Jesús hizo esta pregunta: "Pero cuando venga el Hijo del Hombre, ¿hallará fe en la tierra?". Todavía hay una forma principal para desarrollar la fe en nuestras vidas, y es con el alimento de la Palabra de Dios, la Biblia (Romanos 10:17).

Así, tenemos que preguntarnos hoy: ¿Hallará el Hijo de Dios fe en la tierra? ¿Serán sus ovejas enseñadas y alimentadas con las preciosas palabras de las Escrituras para madurarles? ¿O se entregarán a la manifestación espiritual sin saber cómo usar su fe? ¿Creerán la Palabra de Dios y se someterán a una doctrina bíblica sana con la consecuente aplicación en sus vidas cristianas?

Sin embargo, ministrar en el Espíritu sin la Palabra de Dios puede hacernos perder un nivel de nuestra autoridad y poder. Finalmente, se convierte solamente en ruido. Con el tiempo, la doctrina predicada en estos grupos pierde su filo de precisión y se hace inestable. Desgraciadamente, en algunas iglesias, la Palabra ha dejado de tener la misma prominencia que las manifestaciones del Espíritu Santo y la profecía. Sin embargo, en otras, desgraciadamente el Espíritu no tiene la misma preeminencia que la Palabra que se predica. A menos que el Espíritu y la Palabra se equiparen en importancia y valor, faltará el equilibrio. En la Iglesia primitiva, el Espíritu y la Palabra trabajaban juntos; la gente se salvaba, maduraba y se arraigaba a través de la predicación de la Palabra, ¡pero también experimentaban poderosos milagros y maravillas del Espíritu Santo!

> "Y ellos, saliendo, predicaron en todas partes, ayudándoles el Señor y confirmando la palabra con las señales que la seguían."
>
> —MARCOS 16:20

Note que la predicación de la Palabra de Dios y la persona del Espíritu Santo trabajan con resultados poderosos.

Cuando se trata de los secretos del Señor que recibimos y ministramos a otros, deben estar alineados con la Palabra de Dios. Para ser un ministro eficaz de los secretos de Dios, debemos ser estudiantes de la Palabra de Dios y vasos del Espíritu de Dios. "Pues nuestro evangelio no llegó a vosotros en palabras solamente, sino también en poder, en el Espíritu Santo" (1 Tesalonicenses 1:5).

Hay muchos ejemplos bíblicos de la Palabra de Dios y del Espíritu de Dios trabajando juntos. Estos son unos pocos:

- En el principio era el Verbo, y el Verbo era con Dios, y el Verbo era Dios (Palabra) (Juan 1:1). En el principio el Espíritu de Dios se movía sobre la faz de las aguas (Espíritu) (Génesis 1:1-2).

- Moisés llevó los diez mandamientos (Palabra) en su mano, y su rostro brilló con la gloria de Dios (Espíritu) (Éxodo 34:29).

- El valle de los huesos secos cobró vida por la palabra de Ezequiel (Palabra), y aliento (Espíritu) que fue profetizado sobre ellos (Ezequiel 37).

- Hubo dos personas que presenciaron la dedicación de Jesús como niño: Simeón, cuyo nombre significa oír la palabra (Palabra), y Ana, cuyo nombre significa gracia, que es también de donde obtenemos la palabra griega *carisma*, que es dones de gracia (Espíritu) (Lucas 2).

- Jesús se transfiguró con Moisés a su lado representando la Ley (Palabra) y Elías el profeta representando lo profético (Espíritu) (Mateo 17).

- El bautismo de Jesús y comienzo de su ministerio. Jesús era la Palabra hecha carne, y mientras era bautizado, una paloma (Espíritu) descendió sobre Él (Lucas 3:21-22).

- En la iglesia de Antioquía, había maestros (Palabra) y profetas (Espíritu) trabajando juntos (Hechos 13:1).

- Cuando Pablo predicó (Palabra), el Espíritu Santo cayó, bautizando a la gente con el Espíritu Santo (Espíritu) (Hechos 11:15-19).

Cuanto más equilibramos nuestra vida cristiana con la Palabra de Dios y su Espíritu, más arraigados estaremos como cristianos que funcionan en su poder de formas increíbles y tocaremos las vidas de la gente.

EL AREÓPAGO PROFÉTICO

Cuando la Palabra y el Espíritu no están correctamente equilibrados en nuestras vidas, podemos salirnos del orden. La Palabra y el Espíritu trabajando juntos crean una atmósfera profética fuerte, bien equilibrada y saludable, pero cuando falta o se enfatiza en exceso uno de los dos, nos desequilibramos. El apóstol Pablo tuvo que confrontar este desequilibrio en Atenas, en un lugar llamado el Areópago.

> "(Porque todos los atenienses y los extranjeros residentes allí, en ninguna otra cosa se interesaban sino en decir o en oír algo nuevo.) Entonces Pablo, puesto en pie en medio del Areópago, dijo: Varones atenienses, en todo observo que sois muy religiosos."
> —HECHOS 17:21-22

La gente en Atenas siempre quería oír, ver o experimentar algo nuevo. Finalmente se hicieron espiritualmente supersticiosos o actuaban de una forma demasiado espiritual. Sabemos que estas personas de Atenas no eran salvas, pero esto señala al mismo tipo de comportamiento en relación con las cosas del Espíritu entre algunos en lo profético. Sin un equilibrio de la Palabra de Dios y el Espíritu de Dios, podemos salirnos espiritualmente del orden. Una cosa es que usted desee ver y oír cosas frescas del Señor, y otra cosa es idolatrarlo tanto que, como esas personas en el Areópago, no hacemos nada sino ir de reunión en reunión y de manifestación en manifestación en busca de algo nuevo. Dejamos de preocuparnos sobre oír una buena predicación, lo cual cambiará nuestro carácter. No quiero dar a entender con esto que no deberíamos tener hambre y sed de las manifestaciones bíblicas del Espíritu Santo y participar de las reuniones donde éstas ocurren; debemos desear que Dios nos hable y nos muestre cosas de esta manera. Sin embargo, algo profético del tipo Areópago es la suma de querer oír o ver siempre algo nuevo, lo cual nos lleva a la creencia espiritualmente supersticiosa de que todo es profético o sobrenatural. Esto lleva a la rareza espiritual y la falta de una verdadera estabilidad bíblica.

Esto es especialmente cierto si lo que estamos viendo y oyendo no está en línea con la Escritura o es doctrina correcta. Para evitar el síndrome profético del Areópago, deberíamos evitar ser guiados siempre por profetas o la profecía, aunque Dios hable a través de ellos con relación a nuestro futuro destino. El primer lugar donde debemos ir para oír de Dios debería ser la Palabra de Dios. Las palabras proféticas que recibimos deberían ser juzgadas para corrección y probadas con la Palabra de Dios. Aprenda a arraigarse y cimentarse en la Palabra de Dios antes de empezar a correr de aquí para allá para oír y ver alguna cosa nueva o algún nuevo "viento de doctrina" (Efesios 4:14).

Algunos viven de campaña en campaña y de manifestación en manifestación, yendo de iglesia en iglesia, de reunión en reunión, siempre buscando el mayor espectáculo de la tierra. Nuestras reuniones proféticas no deberían ser un circo profético para ver y oír algún nuevo show, sino que debemos ser como esas personas proféticas que usan correctamente sus reuniones como oportunidades para enseñar la Palabra de Dios y equipan a los creyentes para hacer el trabajo del ministerio. Le enseñan a la gente cómo fluir en lo profético y las cosas del Espíritu Santo correctamente, pero también enfatizan la importancia de estar conectados a una iglesia local y a un pastor que predique una sana doctrina de la Biblia.

Para liberarnos de este síndrome del Areópago, uno debe estar cimentado en la Palabra de Dios mientras continúa deseando el Espíritu de Dios. Asegúrese de estar cimentado y arraigado en una buena iglesia local y estar aprendiendo las cosas de la Palabra de Dios y también del Espíritu de Dios. La Biblia debería ser siempre su fundamento y vara medidora para juzgar lo que ve y oye, y no al revés. No tiene que medir la Palabra por sus experiencias espirituales o las cosas proféticas.

No sea como los que usan la palabra profética para determinar cómo quieren vivir y con qué quieren estar de acuerdo. Estas personas están siempre buscando nuevas palabras y sienten que esto les da licencia para esquivar la Biblia. Buscan una palabra mejor que la última que recibieron, como un adicto busca la siguiente dosis, y se apartan si no ven, oyen o tienen un momento nuevo.

Sí, deberíamos desear fervientemente los dones y manifestaciones del Espíritu. Ha habido momentos en mi vida en los que he recibido una palabra profética del Señor en diferentes reuniones a las que he asistido o de un ministerio profético a través del cual Dios me ha hablado, pero aunque fueron una gran bendición para mí, no dependía de esa palabra por encima de mi lectura bíblica y tiempo con Dios o mi estudio de la Palabra de Dios y mi servicio en la iglesia a la que asistía.

Jesús les dio una palabra a sus discípulos cuando les dijo que subieran a su barca y fueran al otro lado (Marcos 4:35). Esta palabra les llevó hasta una gran tormenta y pensaron que iban a morir. Jesús estaba profundamente dormido en la barca, y tras despertarle, querían una palabra nueva que les sacara de la desconocida tormenta en vez de aferrarse a la palabra que el Señor les había dado anteriormente. Y esto es exactamente lo que hace el Areópago profético. No se aferra a la Palabra del Señor, sino que sigue buscando algo mayor y más espectacular que acompañe a la persona en su vida.

He conocido a gente que vive de profecía en profecía, queriendo que les profetice la siguiente cosa emocionante. Cuando parece que una palabra profética que recibieron no sucede como esperaban, quieren que les profetice una palabra nueva que les haga seguir avanzando.

Cuando se refirió al ministerio profético de Juan el Bautista, Jesús dijo: "¿Qué salisteis a ver al desierto? ¿Una caña sacudida por el viento?" (Lucas 7:24). El ministerio de un profeta y lo profético pueden reunir a muchos que quieren oír la palabra del Señor o ver algo sobre natural. Sin embargo, no debemos adoptar una mentalidad de función, ya sea que nosotros seamos los que exponen los secretos del Señor o sólo los que van para recibir. Esto puede hacer que hagamos cosas que el Espíritu Santo no nos ha mandado. La Palabra y el Espíritu deben trabajar juntos. La Palabra se debe predicar, y el Espíritu Santo debe tener la libertad de demostrar sus dones y su poder en línea con esa Palabra.

He ministrado en reuniones donde todo lo que Dios quería que hiciera era predicar la Palabra, cerrar mi Biblia y terminar la reunión. Luego he tenido otras reuniones donde he preparado cuidadosamente un mensaje de las Escrituras, pero las manifestaciones del Espíritu Santo surgieron con milagros y lo profético.

Un grupo de señoras estaban sentadas en la congregación de una reunión donde estaba ministrando, *esperando* que yo profetizara. Yo no tengo problema con la fe expectante, pero me cuesta cuando alguien intenta presionar al predicador para que diga algo que esa persona quiere oír. Bien, esas señoras estaban presionando tanto que sabía que sólo vinieron para verme profetizar, lo podía sentir. Solamente con ver su lenguaje corporal y sus respuestas se podía saber que no habían venido para oírme predicar, sino que querían que me detuviese y les profetizara.

Sin embargo, tenía instrucciones específicas del Señor en esa noche, y sentía que tan sólo tenía que predicar la Palabra de Dios, porque esa iglesia no necesitaba oír el mensaje profético a través de la profecía sino de la Palabra de Dios. No me gustó el espíritu que sentí de ese grupo de mujeres que estaban visitando; sentía que eran indisciplinadas y que no estaban sometidas a la autoridad de ningún pastor. Sus formas eran para llamar la atención hacia ellas, su comportamiento o espíritu no encajaba mucho conmigo, y en obediencia a lo que sentía del Señor, ministré proféticamente sólo a través de mi predicación. Enseñé de la Biblia y terminé la reunión con oración, lo cual hizo enojar a esas mujeres, y aunque yo lo sabía, estaba feliz de no haber hecho una función para ellas y salirme de lo que el Señor me había hablado previamente.

Tras la reunión, algunos pastores y líderes de esa región que estaban en la reunión no paraban de darme las gracias. Eran líderes que les encantaba y recibían bien en sus iglesias lo profético, pero sabían que la Palabra de la Escritura fue exactamente lo que se necesitaba en esa reunión. Sabían que ese grupo de mujeres había causado muchos problemas por la zona, diciendo tener una gran percepción profética. De hecho, algunos de los líderes dijo que esas mujeres habían causado que algunas iglesias se dividieran. No estaban sometidas a ningún pastor, y su percepción profética siempre estaba fuera de orden.

Me alegré de no haberme dejado atrapar por la actuación y el orgullo. No iba a permitir que esas mujeres causaran que esa reunión fuera una experiencia como la del *Areópago* para darles satisfacción.

Necesitamos ser gente de la Palabra y del Espíritu. Debemos enseñar a la gente la Palabra de Dios, alimentarles y edificarles. Luego debemos permitir que el Espíritu Santo venga y manifieste los dones también. No se debería enfatizar en exceso ni la Palabra ni el Espíritu, porque necesitamos un equilibro de los dos y deberíamos ser disciplinados para seguir los planes del Señor.

Aprender a ser disciplinados, maduros, educados y bien preparados en las Escrituras ayudará a la gente a apreciar lo profético viendo que somos gente que ama tanto la Palabra como el Espíritu Santo de Dios.

Bueno para nosotros, y bueno para el Espíritu Santo

Hay un principio en Hechos 15:28 que nos impedirá que hagamos una representación en la carne. Este mismo principio nos ayudará a lanzarnos en lo profético correctamente y evitemos manejar mal lo profético. En Hechos 15:28 leemos: "Porque ha parecido bien al Espíritu Santo, y a nosotros".

Pablo y su equipo actuaron primero en base a lo que sentían que habían recibido del Señor, deseando ministrar lo que el Espíritu Santo quería que ministraran, pues no estaban ahí para hacer lo que quisieran. Si hace usted eso, impedirá que le domine el espíritu profético del Areópago.

Es evidente que estaban trabajando en equipo con el Espíritu Santo. No se lanzaron por su cuenta y dijeron: "A fin de cuentas, nosotros somos gente profética, ¡y podemos profetizar lo que queramos!". Esto no es para dar a entender que sólo puede lanzarse a profetizar cuando tenga un sentimiento especial o carne de gallina, sino para recordarnos la importancia de trabajar con el Espíritu Santo como nuestro compañero y de ser sensibles a su voz y guía, y no sólo hacer cosas porque podemos.

El Señor quiere que profeticemos y estimulemos nuestro espíritu profético regularmente. No obstante, a veces podemos apresurarnos a hablar tanto que no esperamos a ver si es bueno para el Espíritu Santo. No tenemos el cuidado de esperar para oír su voz o instrucciones. Tenemos que aprender a ser sensibles a la voluntad del Espíritu Santo, ya que es posible que nos pueda parecer bien algo que al Espíritu Santo no le parezca bien.

En algunos casos, puede que Él nos diga que guardemos silencio. Ha habido veces en las que el Señor me ha detenido para no darle una palabra a alguien, incluso hasta recordarme que la persona tenía que obedecer y actuar sobre otras palabras que ya había recibido antes. Otras veces puede que necesitemos esperar mayor claridad sobre lo que está diciendo el Espíritu. Luego hay momentos en los que tenemos que abrir nuestra boca en fe ¡y dejar que salgan las palabras!

En tiempos de la Iglesia primitiva, la gente confiaba en el Espíritu Santo en todo lo que hacían. Considere los siguientes ejemplos:

Después de haber dado [Jesús] mandamientos por el
Espíritu Santo a los apóstoles.

—HECHOS 1:2

Vosotros resistís siempre al Espíritu Santo; como vuestros padres, así también vosotros.

—HECHOS 7:51

Ministrando éstos al Señor, y ayunando, dijo el Espíritu Santo...

—HECHOS 13:2

Ellos, entonces, enviados por el Espíritu Santo.

—HECHOS 13:4

Porque ha parecido bien al Espíritu Santo, y a nosotros.

—HECHOS 15:28

Les fue prohibido por el Espíritu Santo hablar la
palabra en Asia.

—HECHOS 16:6

Salvo que el Espíritu Santo por todas las ciudades me
da testimonio.

—HECHOS 20:23

Esto dice el Espíritu Santo.

—HECHOS 21:11

En el ejemplo de Hechos 16:6, el Espíritu Santo les prohibió
predicar en Asia. Creo que si el Espíritu Santo les prohibió hacerlo, habrá veces en que nos prohíba hacer ciertas cosas cuando
se trata de ministrar en los dones. Debemos ser más disciplinados para ministrar con el Espíritu Santo y ser guiados por Él. No
podemos ponernos a hablar y profetizar libremente y llamarlo *ser
guiado*. Sólo porque la profecía contenga algo de precisión ¡no

significa que el Espíritu quiera que la pronunciemos en ese momento! Disciplínese para oír al Espíritu Santo. Aumentará su medida de autoridad y le ayudará a conocer la diferencia.

Por esto el profeta Elías oyó la callada y dulce voz de Dios, la cual no estaba en el viento, el terremoto o el fuego. Dios le estaba enseñando a escuchar esa callada y dulce voz de Dios y a sentir su guía. Sí, el Espíritu Santo está esperando manifestarse a otros; sin embargo, hay veces en que le dirá que guarde silencio, espere o haga algo que no sea profetizar.

Hay muchas veces en que incluso aunque no sienta nada, Dios se moverá a través de usted. Una vez me pidieron que le ministrara a un hombre de negocios al que nunca había conocido mientras estaba en una barbacoa. No sentía que debía profetizar, ni siquiera oía que Dios me estuviera diciendo algo. El pastor de la iglesia insistió, diciéndome lo importante que era esto, así que accedí. No tenía un sentimiento especial ni la guía del Espíritu Santo, ni sentía que el Espíritu Santo me estuviera deteniendo. En lugar de eso, lo único que tenía era la insistencia del pastor. Normalmente, cuando estoy en una actividad social, no me gusta que me pongan en tesitura de ministrar la palabra del Señor. Comencé a decirle al hombre de negocios algunas cosas que sentía, nombrando incidentes concretos y ciudades en las que había estado. Fue muy bendecido y tocado por la palabra que le di. Yo no le conocía, y mi mente estaba en la comida, pero pude sintonizar con la gracia que estaba lista sobre mí. Tenemos que estar llenos de su Palabra y su Espíritu y estar listos a tiempo y fuera de tiempo. Sin embargo, siempre que siento que el Espíritu Santo de Dios no quiere que diga algo, no digo ni una palabra.

A veces el Espíritu Santo quiere hablar y está esperando que nos lancemos en fe. Smith Wigglesworth una vez dijo: "Si el Espíritu no se mueve, ¡entonces moveré yo al Espíritu!". La historia de la vida de este hombre es incomparable hoy día en muchas maneras porque aprendió a sintonizar con la gracia dentro de él.

Otras veces, tenemos que ser sensibles a su voluntad y sus deseos y esperar a ver lo que quiere el Señor. No podemos tener sólo un estilo cuando se trata de lo profético. Un ejemplo de esperar en el Espíritu Santo se puede encontrar en Lucas 4:25-27, donde aprendemos que había muchos leprosos en Israel, pero el profeta Elías fue enviado por el Espíritu *sólo a uno*. No fue a muchos, ¡sino sólo a uno! No empezó a juntar a las viudas de Israel y comenzó a organizar noches proféticas para ellas. Eso no significa que no hagamos o que no podamos hacer noches proféticas; tan sólo hemos de estar abiertos a la dirección del Espíritu Santo y su instrucción, lo cual puede llevarnos en diferentes direcciones. Elías realizaba una tarea específica y espiritual. Fue llevado por el Espíritu de Dios a uno, no a todos, y no habló ni ministró a todos.

Tenemos que ser guiados por el Espíritu y ser llenos de Él para estar listos para sintonizar con la gracia y ministrar a otros. Algunas personas han sugerido que uno no puede hablar los secretos de Dios a menos que sea movido por el Espíritu, mientras que otros sugieren que lo puede hacer a su libre albedrío. Creo que ambos tienen razón y que ambas cosas tiene su momento, dependiendo de los factores que encontremos. Debemos aprender las tareas proféticas y la guía del Espíritu Santo.

Si no aprendemos a ser guiados por el Espíritu Santo, corremos el riesgo de aprender a ser guiados por los hombres, a menudo como un perro en una correa controlada por la mano de otra persona. Siempre que quieren que profetices y *enciendas en juicio*, eso es lo que hace. Eso no es sabio. Hay un tiempo para hablar y un tiempo para guardar silencio, y hay profetas del Señor y profetas de la tierra. Debemos estar abiertos a operaciones proféticas difíciles y planes del Espíritu Santo. Los profetas del Señor hablan de parte de Dios y aprenden la disciplina de esperar directrices del Señor para hablar lo que Él dice. Los profetas de la tierra hablarán lo que el hombre quiera oír, a menudo sin consultar con el Señor al respecto. Usted tiene que estar donde el Señor le quiera.

Permanezca en su esfera de autoridad

Los que son llamados a funcionar en el oficio de profeta deben aprender a permanecer en su campo de autoridad. Por ejemplo, el apóstol Pablo mencionó que no era un apóstol para todos. Incluso dijo que no se gloriaba más allá de su medida de autoridad (2 Corintios 10:13). Él conocía su autoridad espiritual y llamado, y conocía también sus límites. Vemos un ejemplo de los límites de Dios en Apocalipsis 11:1-2:

> "Entonces me fue dada una caña semejante a una vara de medir, y se me dijo: Levántate, y mide el templo de Dios, y el altar, y a los que adoran en él. Pero el patio que está fuera del templo déjalo aparte, y no lo midas".
>
> —Apocalipsis 11:1-2

Este versículo habla del discernimiento profético y la esfera de autoridad. A Juan se le dio una vara de autoridad para medir todo excepto el patio exterior. No recibió una vara de autoridad para medirlo, y es lo mismo para nosotros hoy. No estamos llamados a ser profetas para cada persona, cada nación, cada ciudad o cada iglesia. Nuestra medida de gobierno, gracia y autoridad nos es dada por Jesús. No tenemos que ir más allá de la medida recibida, y eso queda confirmado por el liderazgo de la iglesia local. Esto nos ayudará a ministrar lo que es bueno para el Espíritu Santo.

Si lo único que hacemos es ministrar lo que es bueno para nosotros y no para el Espíritu Santo, puede que profeticemos con el alma, no con el espíritu. En Ezequiel 3:1-4, se nos da un ejemplo profético de ministrar desde nuestro espíritu y no desde nuestra cabeza o emociones. Ezequiel tuvo que comerse el rollo, que era la Palabra de Dios, y meterla en su estómago, que es su espíritu. Fue después de recibir esta palabra que tuvo que compartirla. En otras palabras, la palabra profética que recibió del Señor tuvo que llegar a su espíritu para que pudiera liberarla desde su espíritu, pasando por alto su cabeza, sus emociones y su carne. Esto impidió que fueran las palabras de Ezequiel, y aseguró que lo que dijo era del Señor.

A veces he permitido que mi alma y mi familiaridad se interpusieran en el camino de mi capacidad para oír los secretos de Dios. La tendencia puede ser la de seguir ministrando más y más palabras al mismo individuo basado en sus emociones en vez de en su espíritu. Jesús dijo: "El que cree en mí, como dice la Escritura, de su interior correrán ríos de agua viva" (Juan 7:38). Los secretos del Señor deberían salir del Espíritu de Dios y llegar a nuestro espíritu; de Espíritu a espíritu, o de boca a boca.

A veces el que recibe y ministra los secretos puede verse atrapado en sus propias emociones y no oír o hablar la palabra profética correctamente. ¿Entonces cómo sabemos si algo que hablamos proviene de la carne (alma) o del espíritu? Necesitamos ser capaces de reconocer la diferencia entre las manifestaciones genuinas del Espíritu Santo y cuando algo es de la carne o, en raras ocasiones, incluso de un espíritu demoniaco. Incluso en el ministerio de Jesús había gente que actuó basándose en su alma o su carne. En algunos casos, el diablo incluso se manifestó también.

En Lucas 9:52-55, Santiago y Juan querían que descendiera un fuego sobrenatural sobre los samaritanos que no recibieron al Señor. Jesús les dijo a sus discípulos que estaban en la carne, diciéndoles: "Vosotros no sabéis de qué espíritu sois" (versículo 55). Los discípulos no fueron capaces de discernir que estaban operando según la carne.

Cuando los dones del Espíritu están siendo manifestados, a veces la gente indisciplinada funciona en la carne y comete errores. No deberíamos vivir en temor de que esto ocurra, especialmente cuando un buen líder o pastor está dirigiendo el entorno. Es cierto que no queremos eliminar las manifestaciones sobrenaturales verdaderas sólo por unos pocos que cometan errores, normalmente con buenas intenciones. Un cierto número de errores es algo aceptable, todos hemos hecho algo en la carne en algún momento, ¡incluso los generales más experimentados en la fe! Aunque necesitamos discernir y buscar la verdad, no podemos volvernos temerosos, críticos y buscarle tres pies al gato pensando que nadie es capaz de forjar nuevo terreno, crecer en la profecía o aprender a fluir en el Espíritu.

Raramente encontrará una manifestación demoniaca seria de alguien intentando expresar un "don del Espíritu". Para ayudarnos a conocer la diferencia entre las manifestaciones genuinas y de la carne, aquí tiene cinco pautas útiles:

1. *¿En general tuvieron usted y otros buenas sensaciones?* Aunque todos podemos tener sentimientos inciertos con aquello que no nos resulta del todo familiar (acuérdese la primera vez que oyó hablar en lenguas), un sentimiento muy pesado podría revelar que algo no está bien. Es como un aviso o una luz roja.

2. *¿Es la persona que ministra alguien experimentado?* Si la persona funcionando en el Espíritu está comprometida con una iglesia sólida y es un cristiano estable o un ministro probado, entonces considere a esa persona.

3. *¿Fue bendecido usted o la persona que lo recibía?* Si se saca algo bueno de ello, entonces probablemente es del Señor. Incluso aunque la respuesta inmediata del receptor no fuera muy positiva, decida si la ministración verdaderamente ayudó a esa persona. ¿Hubo algún fruto de esa ministración?

4. *¿Fue en general bíblico?* No todas las expresiones del Espíritu están detalladas en la Biblia porque son demasiado numerosas para estar en un sólo libro (Juan 21:25). Sin embargo, todas las manifestaciones deberían concordar con la doctrina bíblica. ¿Se hizo ordenadamente, en amor, lleno de fe, en verdad y pureza?

5. *Sea como los de Berea* (Hechos 17:11). Primero, estaban gozosos y receptivos; y, segundo, siguieron

estudiando para confirmar y fortalecer lo que habían recibido. A menudo criticamos primero y luego raramente hacemos un estudio serio después debido a nuestras opiniones predeterminadas.

Estos principios le ayudarán a ser sólido en la Palabra y el Espíritu.

VIDA, LUZ Y PODER

Recibimos esta gracia cuando nacemos de nuevo y somos llenos de su Espíritu. Cuando nacemos de nuevo y somos llenos del Espíritu, recibimos vida, luz y poder. La vida, luz y poder ya están en nosotros y nos ayudan a sintonizar con los dones del Espíritu por fe. La vida, luz y poder son la fábrica entretejida en cada creyente nacido de nuevo y lleno de su Espíritu Santo. Esto quiere decir que cada creyente tiene la capacidad de fluir en los dones del Espíritu por lo que ya posee a través de la salvación y el bautismo del Espíritu Santo ¡En nosotros está la *vida* del Padre, la *luz* del Hijo y el *poder* de su Espíritu Santo!

Jesús es la vida que trajo luz a toda la humanidad, pero esa vida viene del Padre celestial. Juan 1:4 dice: "En él estaba la vida, y la vida era la luz de los hombres". Cuando usted nació de nuevo, Jesús le *rehízo* como una nueva criatura para que pudiera recibir esta nueva vida del Padre. Jesús vino a la tierra con la vida de su Padre celestial dentro de Él para que pudiera darle esa vida. Jesús nos dijo que vino para darnos vida en abundancia (Juan 10:10). Esta nueva vida del Padre está situada dentro de nosotros a través de la persona del Espíritu Santo (Juan 4:6, 26; 5:26; 2 Corintios 5:2; Gálatas 2:20).

Jesús produjo vida en nosotros en el momento de la salvación, pero esa vida produjo algo más en nosotros llamado *luz*. Jesús es la luz, y alumbra a todos los hombres que le reciben. En Cristo, somos la luz del mundo y deberíamos dejar brillar nuestra luz ante todos los hombres (Juan 1:4, 9).

> "Otra vez Jesús les habló, diciendo: Yo soy la luz del mundo; el que me sigue, no andará en tinieblas, sino que tendrá la luz de la vida."
>
> —JUAN 8:12

Jesús nos dio vida y luz, y también dijo que recibiríamos poder cuando viniera sobre nosotros el Espíritu Santo y le seríamos testigos (Hechos 1:8). Nos convertimos en sus testigos cuando mostramos su poder y dones a la gente. El Espíritu Santo es el que activa el poder de Dios en la tierra, y lo hace a través de nosotros. Estos elementos de vida, luz y poder nos fueron impartidos cuando fuimos salvos y llenos del Espíritu Santo.

Estos tres elementos también coinciden con los nueve dones del Espíritu. Los dones del Espíritu se pueden dividir en tres categorías, que están relacionadas con la vida, la luz y el poder. Piense en los dones del Espíritu como las herramientas del Espíritu Santo, las cuales extraen la vida, luz y poder de nosotros. Los dones del Espíritu se pueden dividir en tres categorías como sigue a continuación según 1 Corintios 12:8-10:

- *Los dones vocales*: profecía, diferentes tipos de lenguas e interpretación de lenguas
- *Los dones de revelación*: palabra de sabiduría, palabra de conocimiento y discernimiento de espíritus
- *Los dones de poder*: sanidad, fe y milagros

Los dones vocales producen *vida*

"La vida y la muerte están en poder de la lengua" (Proverbios 18:21). Cuando usted habla bajo el poder del Espíritu Santo con su boca, producirá y traerá vida. Como los vocales, también llamados *dones de expresión*, son palabras habladas, podemos ver que tienen el poder de producir vida.

Los dones de revelación producen *luz*

"Para que el Dios de nuestro Señor Jesucristo, el Padre de gloria, os dé espíritu de sabiduría y de revelación en el conocimiento de él" (Efesios 1:17). La revelación es luz. ¿Ha oído la expresión: "Se me ha encendido la bombilla"? La gente lo dice cuando de repente obtiene una revelación de algo. Los tres dones de revelación traen luz a la gente y situaciones porque les revelan cosas que no sabían previamente.

Los dones de poder producen *poder*

"Pero recibiréis poder, cuando haya venido sobre vosotros el Espíritu Santo" (Hechos 1:8). Los dones de poder son justamente eso: producen el poder manifestado del Dios que vive dentro de usted. Dios da estos dones de su Espíritu para mostrar su gloria a través de milagros, señales y prodigios.

La vida, la luz y el poder ya están en nosotros. Para sintonizar con los tres, uno debe entender la conexión entre la llenura del Espíritu Santo y la profecía. Vida, luz y poder fluyen a través de los dones del Espíritu cuando alguien es lleno con el Espíritu Santo. Cuanto más ora una persona en el Espíritu, más se manifestará el fluir de vida, luz y poder a través de los dones.

EL BAUTISMO DEL ESPÍRITU SANTO
Y LOS SECRETOS DE DIOS

Cuando Jesús, que estaba lleno de vida, luz y poder, fue bautizado, la Biblia dice que fue lleno del Espíritu Santo y una paloma descendió y se posó sobre Él. Inmediatamente, vino del cielo una voz profética y dijo: "Este es mi Hijo amado, en quien tengo complacencia" (Mateo 3:17). La paloma y una palabra profética hablada se dieron en el mismo momento. De igual forma, el bautismo del Espíritu Santo y la profecía trabajan juntos para hacer que se manifiesten los secretos de Dios. Hay un principio clave para mantener un fluir poderoso de lo profético en nuestras vidas.

"Y habiéndoles impuesto Pablo las manos, vino sobre ellos el Espíritu Santo; y hablaban en lenguas, y profetizaban."

—HECHOS 19:6

Cuando fueron llenos del Espíritu Santo en este versículo, hablaron en lenguas, y también profetizaron. Una de las formas clave para sintonizar con la gracia dentro usted es orar en el Espíritu Santo. Esto nos hace sensibles a la voz del Señor y sus secretos. El Espíritu Santo y la profecía trabajan juntos, y cuanto más ore en el Espíritu, más fácil es sintonizar con la gracia que está en nosotros, y más aumentarán los secretos de Dios.

Hay ejemplos bíblicos para mostrar cómo ser lleno del Espíritu Santo y los secretos del Señor trabajan juntos:

"Y aconteció que cuando oyó Elisabet la salutación de María, la criatura saltó en su vientre; y Elisabet fue llena del Espíritu Santo, y exclamó a gran voz, y dijo: Bendita tú entre las mujeres, y bendito el fruto de tu vientre".

—LUCAS 1:41-42

Y Zacarías su padre fue lleno del Espíritu Santo, y profetizó, diciendo...

—LUCAS 1:67

Y fueron todos llenos del Espíritu Santo, y comenzaron a hablar en otras lenguas, según el Espíritu les daba que hablasen.

—HECHOS 2:4

Y en los postreros días, dice Dios, derramaré de mi Espíritu sobre toda carne, y vuestros hijos y vuestras hijas profetizarán; vuestros jóvenes verán visiones, y vuestros ancianos soñarán sueños.

—HECHOS 2:17

> Y habiéndoles impuesto Pablo las manos, vino sobre ellos
> el Espíritu Santo; y hablaban en lenguas, y profetizaban.
> —HECHOS 19:6

Todos estos ejemplos bíblicos nos muestran una conexión divina entre ser lleno del Espíritu Santo y la profecía. Orar y tener comunión en el Espíritu Santo nos ayudará a profetizar los secretos de Señor con más facilidad y precisión.

Pablo dijo que, cuando oramos en lenguas, debemos orar para poder interpretar esas lenguas (1 Corintios 14:13). Esto no significa que usted sólo pueda orar en lenguas si hay interpretación, ya que este versículo era especialmente para una reunión pública donde Dios estaba dando un mensaje en lenguas a la congregación que requería una interpretación, y no necesariamente cuando el creyente está orando a Dios en lenguas. Jesús mostró esto proféticamente cuando llenó las tinajas de agua en su primer milagro convirtiéndolas en vino (Juan 2:1-11). El milagro entero era un cuadro de la inminente llenura del nuevo vino del Espíritu Santo. De hecho, el día de Pentecostés, ¡los curiosos pensaban que los discípulos estaban llenos de vino nuevo!

Después de decirles que llenaran las tinajas de agua, Jesús les dijo que sacaran un poco. Creo que esto es representativo de la interpretación de sus lenguas. En otras palabras, usted saca del vino nuevo del Espíritu que ha sido creado en su interior cuando ora en el Espíritu. Después, como hicieron cuando Jesús convirtió el agua en vino, puede servírselo a otros.

REVIENTE LA FUENTE EN SU INTERIOR

Sacar de su espíritu es literalmente poder sacar de las cosas que el Espíritu Santo ha puesto en su interior. Sin embargo, a veces tiene que reventarlo para que comience a fluir. Mire en Génesis 7:11: "Aquel día fueron rotas todas las fuentes del grande abismo, y las cataratas de los cielos fueron abiertas". Al igual que Dios liberó su poder cuando las cataratas de tiempos de Noé fueron liberadas, usted puede romper las cosas profundas de Dios en su espíritu orando en el Espíritu. Orar en el Espíritu hará que los ríos de lo profético fluyan desde su interior con gran poder hasta las vidas de otros. Esto le ayuda a sintonizar con la vida, luz y poder que está en usted, lo cual le ayuda a discernir lo que es bueno para el Espíritu Santo. Usted revienta la fuente y saca del vino nuevo del Espíritu en su interior.

Así es como avivamos los dones de Dios. El apóstol Pablo le dijo a su joven hijo espiritual Timoteo que avivase el don de Dios que le fue dado por la imposición de manos y la profecía (2 Timoteo 1:6). Avivamos nuestro espíritu para recibir lo que Dios nos está danto con la transmisión boca a boca. Los secretos del Señor comienzan a llegar desde lo profundo de nuestro espíritu cuando oramos en el Espíritu. Luego, cuando abrimos nuestra boca para hablar por el Espíritu Santo, la unción y los secretos del Señor fluirán.

Mi esposa, Brenda, y yo, a menudo demostramos esta operación del Espíritu Santo y de profecía en nuestras reuniones a través de lenguas e interpretación de lenguas. El Señor a menudo habla una lengua profética a través de mí, y mi esposa la interpreta para algún individuo o para las iglesias.

Cuando sacamos continuamente el vino nuevo de nuestro espíritu reventando la fuente de nuestro interior, estamos en un lugar constante de disponibilidad para ministrar por medio del Espíritu Santo. Mire aquí algunos de los resultados bíblicos de reventar la fuente de su interior orando en el Espíritu Santo y hablar sus secretos proféticos, como encontramos en Génesis 7:18-20, 24:

> "Y subieron las aguas y crecieron en gran manera sobre la tierra... Y las aguas subieron mucho sobre la tierra... quince codos más alto... Y prevalecieron las aguas sobre la tierra ciento cincuenta días".

En todos estos ejemplos, note cómo las aguas prevalecieron. ¿Por qué? Porque cuando ora en el Espíritu, rompiendo la fuente de su interior, ¡prevalece! No tiene que razonarlo, tan sólo permitir que la unción salga de su corazón. ¿Alguna vez ha notado la diferencia entre un niño y un adulto cuando reciben un regalo? El niño lo desenvuelve y lo abre, mientras que el adulto a menudo tiene que examinarlo y averiguar qué es. Los adultos normalmente dirán algo así: "¡Oh, no tenías que hacerlo!". Eso es exactamente lo que ocurre cuando se trata de funcionar en los secretos de Dios. En lugar de venir como un niño y sintonizar con el don de fe, actuamos de manera escéptica y a veces incluso indigna, lo cual nos impide sintonizar con la fuente de nuestro interior.

Otra forma en que el Espíritu Santo nos ayuda a recibir secretos precisos del Señor es simplemente preguntándole al Espíritu Santo qué hay en su corazón. Hable con Él, y escuche su voz; cambiará su vida. En lugar de soltar simplemente una lista de peticiones, pregúntele qué es importante para Él, y se sorprenderá de lo que oye cuando toma tiempo para preguntarle. Apartar tiempo para tener comunión con el Espíritu Santo es importante, y a Él le encanta cuando usted lo hace. Además de orar en el Espíritu, creará una mayor conciencia de la voz profética del Espíritu.

Como probablemente podrá ver a estas alturas, es el mecanismo de equilibrio de poderes que hemos cubierto en este capítulo lo que le hará estar equilibrado en lo profético. A medida que seguimos al Espíritu Santo y permanecemos cimentados en la Palabra de Dios, sacaremos el vino nuevo del Espíritu de Dios de las profundidades de nuestro espíritu. Después, cuando salgan los secretos de Dios, será un bonito retrato de la Palabra y el Espíritu funcionando juntos como un poderoso equipo.

NUEVE

CÓMO ALINEARSE CON LA PALABRA PROFÉTICA

Timoteo, hijo mío, te doy este encargo porque tengo en
cuenta las profecías que antes se hicieron acerca de ti.
Deseo que, apoyado en ellas, pelees la buena batalla y
mantengas la fe y una buena conciencia. Por no hacerle
caso a su conciencia, algunos han naufragado en la fe.

—1 Timoteo 1:18-19, NVI

MIENTRAS ESTABA MINISTRANDO, SEGUÍA SINTIENDO QUE
el Señor me estaba revelando un secreto. Oí un mes y un
día, y sentí en mi corazón que se refería al cumpleaños de
alguien. Lo que no sabía era que la persona del cumpleaños era una
mujer cristiana que se había apartado. Fue invitada a la reunión y
dudó si ir o no, y no estaba muy segura de las demostraciones proféticas del Espíritu Santo. Oró en privado, diciendo: "Dios, si todo
esto de lo profético es legítimo, entonces que este predicador diga
mi cumpleaños". Sin ser consciente de la petición de esta persona,
me puse a decir el mes y día exactos de su cumpleaños, y ella cuanto menos, quedó impactada.

El Señor siguió revelando que una bola y una cadena estaban
conectadas a sus pies, espiritualmente hablando, y luego comencé a
dar una demostración profética imitando a alguien que caminaba

atado a una bola y una cadena. Caminaba por el pasillo central de la iglesia y le hablé a ella de alguien con quien estaba saliendo que vivía en otro estado. Le dije que Dios estaba viendo ciertas elecciones y decisiones en su vida en referencia con esa relación.

Escogí mis palabras con mucho cuidado para no revelar la situación a la congragación. Nunca quiero avergonzar a nadie dando demasiados detalles personales sobre una vida. Esta persona a la que profeticé comenzó a llorar, sabiendo que era una palabra veraz del Señor. La clave en esta historia es el hecho de que ella inmediatamente se alineó con lo que el Señor le estaba diciendo, y sabía exactamente que necesitaba hacerlo. Rompió la bola y la cadena rompiendo esa relación de noviazgo. Oír este secreto de Dios resultó ser una bendición, pero era algo condicional a su respuesta. Gracias a Dios que hizo lo necesario, y hoy está felizmente casada con alguien que no era la persona con la que estaba saliendo en ese entonces.

Contactaron con nuestro ministerio más tarde para decirme que estaban en el ministerio, y que Dios les estaba usando poderosamente. Alinearse con la palabra del Señor cambió su vida. Yo no le dije lo que tenía que hacer, tan sólo le dije lo que Dios estaba diciendo de una forma que sabía que era el Señor hablando. El secreto profético que Dios habló dependía de sus acciones y su obediencia.

Los secretos revelados del Señor han de ser una bendición cuando decidimos alinearnos con ellos. Cuando Dios habla una palabra como la que le acabo de relatar, Dios quiere que se produzca un fruto duradero en nuestras vidas. Puede que esté usted pensando: "Sí, quiero alinearme con la palabra profética de Dios, pero con lo que estoy afrontando en estos momentos, ¡necesito un secreto de Dios con el que alinearme!". Hay diferentes tipos de secretos proféticos o palabras que Dios tiene para nosotros, y hay diferentes condiciones que van con ellas.

Diferentes tipos de secretos

No debemos olvidar nunca que Dios es por nosotros. Algunas personas lo creen teóricamente pero no tienen la confianza de creerlo hasta el punto de poder llegar a oír a Dios hablando una buena palabra en su vida. Pero Dios ha venido para darnos esperanza y un futuro (Jeremías 29:11), y lo hace a través de los secretos proféticos. Los secretos, cuando son revelación de Dios, pueden traer bendiciones decretadas, anuncios proféticos, direcciones proféticas, advertencias proféticas y revelaciones proféticas. A lo largo de la Escritura podemos ver muchos ejemplos de estas palabras proféticas, que fueron dadas expresamente para cambiar las vidas de la gente para bien.

Me gustaría compartir algunos ejemplos de diferentes tipos de secretos proféticos en la Biblia acompañados de ejemplos personales. El propósito es dirigir la atención hacia cómo Dios usa la palabra profética para salvar y cambiar vidas. Cuando nos alineamos con ello, llevamos fruto eterno. Quiero mostrarle cómo los secretos proféticos funcionaron en los tiempos bíblicos y también cómo funcionan y nos ayudan hoy.

Bendiciones proféticas

El primer ejemplo es cuando Dios decreta bendiciones proféticas. En la Biblia, las bendiciones a menudo eran decretadas sobre individuos para pronunciar bendiciones sobre sus vidas y sus futuros. Esto es especialmente cierto con muchos padres en la Biblia. Antes de que muchos de estos patriarcas se fueran de la tierra, revelaron los secretos del Señor a sus hijos, pronunciando bendición y revelando el plan profético de Dios para su futuro. Otras veces, cuando nacían los hijos, los padres decretaban una bendición profética sobre el bebé. Esta bendición profética era tan importante que una mamá llamada Rebeca y su hijo Jacob engañaron a su padre, Isaac, y a un hermano gemelo, Esaú, para que le diera la bendición del padre a Jacob. Este decreto de bendición era tan importante para Rebeca y Jacob que estuvieron dispuestos a robársela a Esaú de forma engañosa (Génesis 27).

Una de las cosas más poderosas y necesarias que los padres pueden hacer hoy día es pronunciar una bendición profética sobre las vidas de sus hijos. Puede hacerlo mientras acuesta a sus hijos por la noche, haciendo oraciones proféticas y declarar bendiciones sobre ellos en ese tiempo. Puede orar versículos proféticos sobre ellos durante momentos especiales de oración. Estas bendiciones proféticas son poderosas y harán que se manifieste la bendición de Dio si lo dice y lo cree. Si es padre, o incluso si no lo es, pídale a Dios que le dé secretos del cielo para declararlos sobre su propia vida y sobre sus hijos, que traerán estratégicamente la bendición de Dios para su futuro y el de ellos.

Cuando Dios creó a Adán, lo primero que hizo fue bendecirle (Génesis 1:28). ¿Sabe lo que significa eso? Literalmente significa decir algo bueno. Dios estaba pronunciando una bendición profética de bien sobre Adán desde los primeros días de la creación.

Las palabras proféticas de bendición también traen consuelo y dan esperanza en situaciones difíciles. Jesús le dijo a la gente reunida en torno a la tumba de Lázaro que no llorasen, porque Lázaro no estaba muerto, sólo dormido. Él declaró la bendición de lo que iba a ocurrir en el plan de Dios antes de que ocurriera. Jesús a menudo declaró esas bendiciones sobre personas incluso cuando no estaban presentes. ¿Se acuerda del siervo del centurión que estaba enfermo (Mateo 8:5-13)? Jesús declaró una bendición sobre él incluso aunque estaba en casa.

Recuerdo una vez cuando Dios usó a mi esposa, Brenda, para pronunciar una bendición profética sobre alguien cuando esa persona no estaba presente en la conferencia donde ella estaba ministrando. El Señor hizo que sacara a una señora y le dijera que Dios sabía que había venido desde muy lejos a la conferencia y que, sin embargo, se estaba sintiendo mal porque dejó en casa a su hijo que estaba muy enfermo. Estaba preocupada por dejarle pero había venido a la reunión en fe, confiando en que Dios hiciera un milagro. Lo que mi esposa no sabía era que el bebecito de esa señora estaba en cuidados intensivos y necesitaba un milagro. En ese momento, mi esposa le dijo que su hijo quedaba sanado desde esa misma hora. Cuando esta mujer llegó a su casa, a su hijo ya le habían quitado la ventilación asistida y fue sanado, justamente como Brenda dijo mientras la mamá aún estaba en la conferencia. Su fe la posicionó en un buen lugar para recibir una bendición y un milagro. Esa madre volvió a casa con un bebé sanado. ¡Gracias a Dios por la pronunciación de la bendición profética!

Anuncios proféticos

Había anuncios proféticos que les eran revelados a individuos o grupos de personas. Estos anuncios revelaban secretos diseñados para preparar a la gente para un acontecimiento venidero. Vemos esto en el tiempo del nacimiento de Jesús, cuando el ángel Gabriel vino a María y le dijo el secreto profético sobre el bebé que iba a tener.

Hace unos pocos años, el Señor me dio un anuncio profético en relación con el aumento del precio de la gasolina. Creo que Dios estaba preparando a muchos en esta nación para lo que vendría. Cuando lo profeticé, el precio de la gasolina estaba alrededor de un dólar y algo el galón. Esto fue años antes de que los precios se disparasen. El Señor reveló que llegaría a cuatro o cinco dólares el galón y que teníamos que reírnos del precio del petróleo como un acto de fe. Sin embargo, fue un poco antes de que el precio de la gasolina subiera. Dios me estaba dando un anuncio temprano para que pudiéramos orar, preparar, resistir el temor y seguir con un espíritu gozoso mientras confiábamos en Él.

Dirección profética

El Señor también dio muchos secretos proféticos con el propósito de dar dirección e instrucción. Estas instrucciones de Dios son secretos que dan a las personas tareas específicas para que Dios pueda cumplir sus propósitos. Jesús dio un ejemplo de esto cuando les dijo a sus discípulos que fueran a encontrar un burro que nunca antes había sido montado. Les estaba dando instrucciones para que pudieran ayudar a facilitar el evento profético de su entrada triunfante en Jerusalén.

Recuerdo una vez cuando Dios me usó para dar una dirección profética que ayudaba a un pastor a encontrar el lugar para construir un nuevo edificio para la iglesia. El secreto profético decía el lugar y la cantidad exacta de terreno para el lugar del nuevo edificio. Eso ayudó al pastor a localizar la voluntad de Dios. Obedeció la dirección profética, y para la gloria de Dios, ¡hoy tiene un nuevo edificio!

Avisos proféticos

También hay avisos proféticos que Dios usa para advertir a la gente de una posible catástrofe. El Señor a menudo da estos avisos para desviar un posible juicio o plan del enemigo. Por ejemplo, el profeta Agabo dio un aviso profético sobre una gran hambruna que venía (Hechos 11:28). La intención de Dios era preparar a la gente para ese tiempo difícil de la historia. A veces Dios da estos avisos para que podamos interpretar algo a través de la oración.

A comienzos del año 2008 el Señor me hizo profetizar en relación con ese año en concreto en los Estados Unidos. El Señor quería que fuera un año para hablar al cielo a través de la oración. Él predijo que sería un año de tornados y fuertes vientos, y teníamos que hablar sobre nuestras ciudades y nuestra nación para permanecer contra esos vientos y clima adverso. El Señor estaba avisándonos para que orásemos contra ello. En mi propia ciudad de Omaha, oramos porque había dado esta palabra más de una vez. Dios incluso me dijo el mes que tendríamos que velar y orar para proteger nuestra ciudad.

Aunque Omaha está considerada como parte del paso de los tornados de la nación, la ciudad en sí no ha experimentado un contacto directo de una serie de tornados serios y dañinos desde hace más de treinta años, pero ocurrió exactamente el mes que el Señor había indicado. Dos serios tornados golpearon, creando serios daños en las propiedades. Durante toda la estación de tornados experimentamos más actividad de los tornados y daños que en un largo periodo de tiempo. ¡Gracias a Dios que la gente oró y se salvaron vidas! Estos son tan sólo algunos ejemplos personales de avisos proféticos.

Revelación profética

Finalmente, sabemos que el Señor también dio revelación profética para traer entendimiento, sabiduría y visión. Por eso entendemos lo que Dios está haciendo. La revelación profética nos da la capacidad de seguirle con claridad. Jesús dio revelación profética explicando el plan de salvación a través de la Cruz y la Resurrección. Les dijo claramente a sus discípulos que moriría y resucitaría. Estaba intentando hacerles entender a través de la revelación profética lo que estaba a punto de ocurrir para que ellos pudieran responder al plan de Dios. La revelación profética también le ayudará a relacionar acontecimientos naturales con asuntos espirituales.

El Señor me dio una revelación profética única de que habría nevadas poco corrientes que caerían en 2007 y principios de 2008. Profetizó que nevaría no sólo en lugares donde normalmente no ocurría sino también en lugares donde nevaba, pero con record total de nevadas. El Señor centró la atención en los estados de Ohio y Nueva Inglaterra. El propósito de esta revelación profética fue revelar el propósito profético del Señor para esos lugares. Habló específicamente de una señal profética de limpieza. La nieve a menudo representa la limpieza espiritual, y el Señor estaba usando la nieve para mostrar su plan profético para crear un cambio en esas áreas.

Ocurrió justamente como el Señor reveló, nevando en algunos lugares poco habituales. Quiero mostrarle algunos de los lugares donde la nieve se registró durante esos dos años, y estoy seguro de que será capaz de ver fácilmente que Dios quiere realizar una limpieza espiritual en estos lugares.

La profecía de la nieve poco habitual fue dada nacionalmente el 24 de septiembre de 2007, y salió en el programa *Praise the Lord* de TBN. Note algunos de los lugares que experimentaron la nieve.

- *China, India, Oriente Medio*—Extremadamente frío, invierno nevado informado por *USA Today* el 7 de marzo de 2008.[1]

- *Nieve en Bagdad*—El 11 de enero de 2008, ¡CNN News informó de la primera nevada que se recuerda![2]

- *Nevada en China*—El 31 de enero de 2008, CNN.com informó que China estaba experimentando la peor nevada en cincuenta años.[3]

- *Extraña tormenta de nieve en el Oriente Medio*—El *New York Times* informó de una tormenta de nieve en el Medio Oriente el 31 de enero de 2008.[4]

- *Ventisca norteamericana en 2008*—Una tormenta de invierno muy poderosa golpeó la mayor parte del sur y este de América del Norte del 6 al 10 de marzo de 2008, vertiendo nevadas de record en Ohio y otros lugares del noreste.[5]

- *Extraños tornados de invierto por todo el sur de los Estados Unidos*—Unos extraños tornados invernales irrumpieron por todo el sur de los Estados Unidos a principios de 2008.[6]

Por medio de la revelación profética, el Señor también ministró que había una señal para la mitad oeste como consecuencia de un terremoto. Esto se dio para revelar que los poderes del infierno y las fortalezas demoniacas políticas estaban siendo sacudidas. La profecía fue esta:

- *Temblores de la tierra* (20 de septiembre de 2007). El Espíritu de Dios dice que muy pronto en esta nación comenzarán a sentir que el suelo de esta nación tiembla. Temblará el oeste, temblará el centro y temblará el este.

Esto es lo que informaron las noticias sobre ello más de seis meses después:

> Un terremoto de 5.4 a primeras horas del viernes despertó a la gente en Indiana, sorprendiendo a los residentes que no están acostumbrados a temblores de tal magnitud en la mitad oeste.[7]
>
> Los temblores se hicieron notar hasta cientos de millas de distancia. Encontramos informes de gente que sintió el temblor en la ciudad de Kansas, Chicago. San Luis, Cincinati, Madison, Wis, Des Moines y cerca de Atlanta.[8]

Podemos ver cómo Dios usa las revelaciones proféticas para decirnos verdades espirituales clave. A menudo el Señor usará los eventos naturales para revelar su plan profético que está a punto de desarrollarse.

Todos estos tipos de secretos proféticos son para revelar cosas del Señor para que podamos ver cosas desde la perspectiva del cielo y alinear nuestras vidas de acuerdo a su voluntad. Ya sea un decreto profético de bendición, un anuncio profético, una dirección profética, un aviso profético o revelación profética, necesitamos recibir cada uno de ellos y comenzar a esperar que se manifiesten en nuestras propias vidas y en el mundo que nos rodea. Necesitamos sintonizar con ellos y acostumbrarnos a ellos para que podamos estar al corriente de lo que Dios está haciendo.

CONDICIONES PARA LOS SECRETOS PROFÉTICOS

Con los secretos proféticos vienen ciertas condiciones que hacen que se cumplan esos secretos. Si no se cumplen ciertas condiciones y requisitos, los planes proféticos de Dios pueden verse obstaculizados o incluso abortados. Cuando recibimos un secreto del Señor, es crítico que nos alineemos con la palabra del Señor. Veamos algunas de estas diferentes condiciones que facilitan y ayudan a que se cumpla la palabra profética en nuestras vidas.

Lo profético debe estar acompañado de oración

No se puede tener lo uno sin lo otro. Cuando se recibe una profecía, su cumplimiento no es automático. Es aquí donde mucha gente termina frustrada, ya que piensan que, como recibieron una profecía de Dios, no tienen ninguna responsabilidad en que esta palabra se cumpla. No, se debe acompañar de oración. Cuando Elías el profeta profetizó que no llovería durante tres años y medio, aun así se necesitó la oración para que esa profecía se cumpliera. La Biblia dice que era un hombre como usted y yo, y oró *fervientemente* para que no lloviera. "La oración eficaz del justo puede mucho. Elías era hombre sujeto a pasiones semejantes a las nuestras, y oró fervientemente para que no lloviese, y no llovió sobre la tierra por tres años y seis meses" (Santiago 5:16-17). De este versículo podemos ver que no fue sólo la profecía sino también sus oraciones lo que hizo que la palabra se cumpliera.

Vemos el mismo escenario cuando comenzó a profetizar que volviera la lluvia. "Entonces Elías dijo a Acab: Sube, come y bebe; porque una lluvia grande se oye. Acab subió a comer y a beber. Y Elías subió a la cumbre del Carmelo, y postrándose en tierra, puso su rostro entre las rodillas" (1 Reyes 18:41-42). De nuevo, puede ver que no sólo profetizó que lloviera, ¡sino que también oró por la lluvia!

Vemos este ejemplo de oración y profecía con Ana. Estaba tan dedicada a la oración y el ayuno con relación a la venida del Mesías que ayunaba y oraba diariamente en el templo (Lucas 2:37).

La palabra profética debe ir acompañada de obediencia

Cuando se nos da un secreto profético que sabemos que es de Dios, necesitamos ser obedientes a cualquier instrucción que incluya la palabra. Si no hay ninguna instrucción específica, debemos asegurarnos de que estamos viviendo en obediencia a Dios en general. Una vez conocí a un empresario que recibía numerosas profecías de que tendría una empresa exitosa. Después, fue muy frustrante verlo en bancarrota y tener que vender su empresa. Sin embargo, después se reveló que estaba cometiendo un pecado en secreto. Admitió que pensó que su estilo de vida no era importante y que esa palabra ocurriría *independientemente de las decisiones que él tomara*. La desobediencia puede abortar la palabra del Señor.

Otro empresario que conocí tuvo que salir de su empresa y ponerse a trabajar para otra compañía, pero esa compañía no le trató con integridad. Le profeticé que el Señor le restauraría su empresa anterior y, como señal, Dios le prosperaría; pero la otra compañía finalmente caería por su falta de integridad. El Señor incluso reveló el mes exacto y el día en que la otra compañía cerraría. Claro, no deseábamos que la compañía cerrase; simplemente Dios estaba diciendo algo que sería un hecho.

Durante algún tiempo no parecía que la palabra fuera a cumplirse, porque este hombre no parecía que tuviera problemas económicos. Verdaderamente parecía que la palabra no iba a ocurrir. El hombre comenzó a dudar de la palabra del Señor. Yo le recordé que tenía que perdonar a la otra compañía y asegurarse de estar haciendo todo lo correcto para estar en obediencia bíblica para que el plan profético de Dios de restaurar su empresa se cumpliera. Como se mantuvo obediente a Dios tomando buenas decisiones y perdonando, Dios cambió la situación y restauró su empresa. La compañía anterior que le trató de forma engañosa cerró como decía la palabra. Su obediencia hizo que la palabra del Señor se cumpliera.

La palabra profética debe ser probada

Recuerde que hay tres fuentes de donde pueden surgir las palabras *proféticas*. Se espera que procedan de Dios, y eso es lo que siempre queremos recibir; sin embargo, a veces la gente profetiza algo que simplemente es una palabra del propio corazón de la persona, y no viene de Dios. Esto puede confundir a la gente si no somos sabios en nuestra respuesta.

Existen raras ocasiones en que la gente ha hablado bajo la influencia de un espíritu maligno. No deberíamos vivir en temor de que esto ocurra, porque normalmente ese no será el caso, especialmente en un buen entorno de iglesia. Sin embargo, deberíamos probar cada palabra profética, al igual que probamos la predicación que oímos para que sea bíblicamente sana. Hay tres maneras principales de probar un secreto profético o una profecía.

- *Debe estar en consonancia con la Biblia.* Deberíamos poder encontrar versículos que apoyen y validen la profecía.

- *Debemos discernirla en nuestro espíritu.* La profecía debería crear un buen sentir cuando la oímos. Incluso aunque la profecía trajera un decreto de amonestación o convicción, debería poder sentir en su corazón que viene de Dios.

- *Debe ser probada a través del sabio consejo de otros.* Es importante tomar las palabras que recibimos y contrastarlas con el sabio consejo de nuestros pastores, líderes y buenos recursos desinteresados que están ahí para decirnos no lo que queremos oír, sino lo que necesitamos oír.

Cuando oímos la profecía, puede que no siempre sea lo que queríamos que Dios dijera. Puede que no se ponga usted a dar saltos de alegría cuando la oiga. En otros casos, puede que reciba una palabra que le anime el alma y le emocione, pero la palabra no es de Dios. Por eso es necesario que se haga un contraste adecuado. Por supuesto, acompañar la profecía de oración, como dije antes, le ayudará a aumentar su discernimiento cuando contraste la profecía.

Cuando Eliseo profetizó a Naamán el leproso, Naamán se enojó con la palabra profética, la cual no sabía que finalmente le llevaría a su sanidad. "Entonces Eliseo le envió un mensajero, diciendo: Ve y lávate siete veces en el Jordán, y tu carne se te restaurará, y serás limpio" (2 Reyes 5:10). El problema era que Naamán quería realizar la profecía según sus propios términos, y no sentía que necesitara meterse en un río embarrado. Habrá veces en que se sienta así cuando la palabra del Señor venga a usted. Por eso tiene que probar la palabra y no confiar en sus propias preferencias o expectativas como hizo Naamán.

En vez de probar la palabra, algunas personas quieren manipularla. ¿Qué quiero decir con esto? Algunas personas toman intencionadamente de la palabra lo que quieren oír. Es divertido cómo dos personas pueden oír la misma profecía y terminar con dos interpretaciones totalmente diferentes. Uno puede oírla de una forma arrogante y adelantarse a Dios, mientras que el otro la oye a través del rechazo y siente que la palabra está mal, ¡porque él o ella no es lo suficientemente digno! Puede ver por qué tenemos que probar la palabra y no confiar solamente en nuestros propios sentimientos.

A veces, cuando he ministrado una palabra profética, la gente que la recibió fue como Naamán, porque no les gustó alguna parte de la profecía. Después, quieren que les explique la profecía. Su propósito a menudo está motivado por el deseo de manipular la profecía porque no les gustó algo que se dijo. Normalmente están intentando aceptar parte de la palabra y eliminar otras partes. Naamán estaba enojado, pero gracias a Dios que discernió con precisión la palabra y la acompañó de obediencia, lo cual le llevó a su sanidad.

La palabra profética debe estar acompañada de fe. Cuando se revela un secreto profético que sabemos que es del Señor, necesitamos mezclarlo con fe. "Porque a nosotros, lo mismo que a ellos, se nos ha anunciado la buena noticia; pero el mensaje que escucharon no les sirvió de nada, porque no se unieron en la fe" (Hebreos 4:2, NVI). Podemos ver por este versículo que la palabra predicada no les beneficiaba porque los que la oyeron no la mezclaron con fe. Este mismo principio es válido para las palabras proféticas que vienen del Espíritu Santo. Cuando la palabra profética se le declaró a María con relación al nacimiento del Mesías, ella dijo: "hágase conmigo conforme a tu palabra" (Lucas 1:38). Ella no dudó, sino que actuó en fe en base a la palabra y esperó que ocurriera. ¡Creyó en la palabra tan firmemente que incluso viajó para decirle a su tía Elisabet que estaba embarazada del Mesías!

Por otro lado, los hijos de Israel recibieron la palabra profética sobre una tierra prometida, pero rehusaron recibirla con una fe verdadera, y permitieron que las circunstancias y los desafíos apagaran su fe. Como resultado, debido a la incredulidad, la murmuración y la queja, esa generación de israelitas no vio el cumplimiento de la palabra profética. Actuaron y respondieron con incredulidad, y escogieron creer a su situación más que a la promesa profética. Muchos murieron en el desierto de sus pruebas.

Por eso muchos cristianos no ven el cumplimiento de la palabra del Señor y terminan *muriendo en sus pruebas*, por decirlo así. No pueden responder a la palabra del Señor en fe ya sea para su propia vida, para otros, o para ciudades y naciones.

La profecía debe estar acompañada del entorno correcto

Tenemos que aprender a nutrir la palabra recibida para que tenga el entorno correcto para crecer. La Biblia asemeja la palabra, ya sea escrita o hablada, a una semilla. Cuando usted recibe una profecía, comienza como una semilla, y necesita nutrición, agua y protección. Me gusta llamar a este proceso *saber cómo aferrarse a la palabra del Señor*. La Biblia dice que Satanás viene inmediatamente para robar la *semilla* de la palabra, ya sea una semilla de las Escrituras o las que habla el Espíritu Santo. "El sembrador es el que siembra la palabra. Y éstos son los de junto al camino: en quienes se siembra la palabra, pero después que la oyen, en seguida viene Satanás, y quita la palabra que se sembró en sus corazones" (Marcos 4:14-15). Satanás hará exactamente lo mismo en nuestras vidas. Él usa la debilidad de algunos que no están arraigados y cimentados en la Palabra de Dios o en una iglesia local, ahogando la palabra profética en sus vidas a través de persecución, aflicción, los afanes de este mundo, las riquezas engañosas y la lujuria de otras cosas, como Jesús menciona en esta parábola.

Como resultado, la gente se suelta de la semilla de la palabra y no puede crecer, y luego a menudo se quedan rascándose la cabeza cuando ven que no hay fruto o que esa semilla no se cumple. Cuando esto ocurre, muchas personas culpan a la profecía, al mensajero o incluso a Dios. Tenemos que aprender a aferrarnos a la palabra profética manteniéndola viva en nuestros pensamientos. Podemos hacer esto orando por ella, compartiéndola, actuando sobre ella y añadiendo fe. Siga aferrándose a ella y nutriéndola, ¡y la palabra se cumplirá!

Mi esposa y yo recibimos muchas palabras sobre nuestro llamado al ministerio, pero le puedo decir que entre esas profecías y su cumplimiento hubo muchos desafíos. Tuvimos que aferrarnos a esas palabras porque muchos días parecía que nunca habría ningún fruto. Tuvimos que pelear por ellas y trabajar. No importaron los obstáculos que vinieron a nuestro encuentro intentando hacernos dudar y abandonar, nosotros nos aferramos a lo que creíamos y nutrimos esas palabras para que dieran fruto en nuestras vidas.

La profecía debe estar acompañada de guerra espiritual

Pelear por su profecía es ligeramente diferente a tan sólo aferrarse a ella y darle el entorno espiritual adecuado. La guerra conlleva expulsar a su enemigo. Cuando el enemigo viene a robarle, tiene que resistir y expulsarle de su propiedad o profecía. Dígale: "¡Quita las manos, en el nombre de Jesús!". Cuando se dé cuenta de que hay un enemigo que quiere destruir su profecía, eso hará que se levante y pelee. En 1 Timoteo 1:18, se nos dice que peleemos la buena batalla en relación con las profecías que hemos recibido. Podemos aferrarnos a la fe y la buena conciencia y evitar el desastre. Muchos secretos proféticos revelados han perecido por el fallo de la gente en cuanto a luchar por que se cumplieran.

Por ejemplo, cuando Herodes oyó que saldría un rey de Belén, hizo planes para matar la palabra profética ordenando matar a todos los niños varones hasta los dos años de edad (Mateo 2:16). Por supuesto, Jesús escapó mientras todos los demás bebés fueron asesinados. El diablo hará todo lo que pueda para destruir la palabra del Señor. Tenemos que pelear contra él, orar y resistir sus planes malvados para que esas palabras no sean robadas de nuestras manos.

En 2007, profeticé que los rehenes que habían estado retenidos durante años en la nación de Colombia serían liberados. Sin embargo, había pasado algún tiempo y no había noticias al respecto, y parecía que no estaba ocurriendo nada. Sé de mucha gente que peleó en oración por esa liberación. Aun así, no se hablaba nada de la liberación. Muchas personas siguieron luchando en oración para que la profecía se cumpliera, especialmente los de mi propia iglesia. De repente, en la primavera de 2008 fueron liberados vivos, como dijo la profecía.

En otra ocasión a comienzos de 2008, la guerra se estaba recrudeciendo entre Venezuela y Colombia. Las tropas se estaban moviendo en la frontera entre las dos naciones, y durante una reunión de oración en una iglesia donde estaba ministrando, el Señor me hizo decretar con la gente contra la guerra. Oramos intensamente para que la guerra terminara. Después, Dios me indicó que le dijera a la gente proféticamente que, si orábamos, Dios intervendría en el plazo de veinticuatro horas, y en menos de veintiún días esa guerra se acabaría.

Al día siguiente el presidente de Venezuela anunció que no irían a la guerra. El conflicto terminó, aunque menos de veintiún días antes se veía como algo muy grave. Muchos grupos de todo el mundo, y especialmente en esos países, han estado orando fervientemente. Al final, aunque el ejemplo es simplemente uno de muchos, la palabra profética acompañada de guerra espiritual ayudó a que se cumpliera este feliz desenlace.

La palabra profética debe estar acompañada del tiempo correcto

Cuando recibimos una palabra profética, debemos recordar que está involucrado el factor tiempo. El tiempo es el área donde los profetas y la gente profética más se equivocan. Estoy seguro de que muchos profetas en la Biblia probablemente pensaron que sus profecías se cumplirían en el transcurso de sus vidas, pero muchas de ellas no lo hicieron. A menudo queremos determinar el marco de tiempo para el cumplimiento de las profecías que oímos, así que nos cansamos de hacer el bien, hacemos malas suposiciones o trabajamos horas extras para que se cumplan.

Tenemos que ser sabios sobre el tiempo cuando recibimos u oímos una palabra. Cuando no parece que va a ocurrir, puede que esté el factor tiempo, no que la profecía no sea cierta. Se necesita paciencia y un buen discernimiento. ¡Yo he vivido muchas ocasiones en las que quería que ciertas profecías en mi vida se cumplieran ya! No obstante, algunas de ellas fueron cumplidas años después de cuando yo esperaba.

Mirando hacia atrás ahora y viendo cómo el Señor las llevó a cabo en su tiempo, estoy muy agradecido de que no se cumplieran de forma prematura. Se cumplieron cuando más las necesitaba, no cuando más las quería. Sea sensible al tiempo de Dios, y no se permita frustrarse porque las cosas no se manifiesten cuando usted esperaba. De lo contrario, podría abortar una maravillosa promesa profética sobre su vida.

He recibido palabras proféticas sobre eventos políticos y elecciones que pensaba que eran para ciertas elecciones o etapas, pero resultó que eran para otro año u otro marco de tiempo. Asegúrese de vigilar el tiempo de Dios cuando oiga los secretos del Señor, y no haga falsas suposiciones sobre el tiempo de las palabras proféticas de Dios.

CUMPLIR LAS CONDICIONES PROFÉTICAS

Cumplir las condiciones proféticas es muy importante, y no puedo enfatizarlo lo suficiente. En un capítulo previo dije que la gente a menudo dice que una señal de un verdadero profeta o profecía es que la profecía se cumpla. Sin embargo, hemos aprendido que no siempre es ese el caso. Muchas de las profecías de los profetas bíblicos aún no se han cumplido, ¡aún hoy día! La mayoría de las veces, ignoramos completamente ciertas condicione que deben darse. Sin embargo, si no nos alineamos correctamente cumpliendo ciertas condiciones, la profecía puede que nunca se cumpla, y no tendrá nada que ver con la persona que la dio.

Esto ocurrió una vez cuando profeticé en una conferencia sobre una elección presidencial en una nación extranjera en particular. Parecía que una profecía que di no se cumplía. Yo describí al candidato a quien creía que el Señor estaba eligiendo. En el momento que lo profeticé, nunca antes había estado en esa nación y sabía muy poco sobre los que se presentaban.

Entonces el Señor comenzó a darme puntos específicos que la gente debía observar, a medida que los candidatos eran presentados ante la nación. El candidato sobre el que hablé en la profecía rápidamente se convirtió en el favorito y tomó la delantera inmediatamente en las encuestas. Muchos cristianos comenzaron a apoyarle e incluso le enviaron algunas de las cosas que profeticé cuando dije que ganaría las elecciones. Parecía que tendría una clara victoria. Sin embargo, durante el camino, tan sólo unas semanas antes de la elección final, decidió añadir un nuevo director de campaña.

Cuando parecía que sería el claro ganador y que todo lo que

profeticé se cumpliría, ese director de campaña declaró públicamente que no necesitaban a Dios o a ningún profeta que hablara sobre quién sería el ganador de esa elección. Este mensaje salió en los periódicos y en la televisión por todo el país. El director sentía que el mérito de la victoria debía ser suyo. Se confió en exceso porque había ayudado a ganar a otros candidatos. Sus palabras públicas ofendieron terriblemente a la comunidad cristiana que apoyaba al candidato. Sí, se lo imagina bien, porque debido a esas declaraciones el candidato perdió, porque la gente no le votó.

Estoy convencido de que la profecía era condicional, basada en sus acciones. La pérdida impactó al candidato, que más tarde se arrepintió por cometer ese error tan garrafal. Inmediatamente hizo planes para corregir su error y volver a presentarse. Hizo una declaración pública ante su nación de por qué perdió, y muchos retomaron la fe en su reconocimiento de Dios.

A menudo, lo que parece ser una profecía incondicional depende de nuestras acciones. Por eso no se puede suponer que una profecía era falsa, porque no siempre conocemos todos los hechos. Creo que las decisiones de ese hombre abortaron el plan de Dios, aunque la profecía sonaba como que era algo hecho. La profecía depende de nuestras acciones. Nuestra desobediencia, actitudes, palabras y acciones pueden hacer que las palabras proféticas no se cumplan en nuestra vida. Cuando no nos alineamos con la profecía, puede que nunca veamos su cumplimiento. Encontramos muchos ejemplos en la Biblia donde una profecía parecía incondicional, pero como la gente, o bien se arrepintió o rehusó alinearse con la profecía, el resultado fue diferente de la profecía original.

La profecía de las Escrituras no puede ser cambiada, y ocurrirá como ha estado escrito; sin embargo, encontramos muchas profecías declaradas en la Biblia que no salieron de la forma en que fueron dichas. Por supuesto, algunas de ellas aún no se han cumplido, pero otras se cumplieron, y los resultados fueron diferentes de cómo se profetizó, incluso en el caso de algunos de los profetas más importantes de la Escritura.

Por ejemplo, veamos Jeremías 18:7-10:

> "En un instante hablaré contra pueblos y contra reinos, para arrancar, y derribar, y destruir. Pero si esos pueblos se convirtieren de su maldad contra la cual hablé, yo me arrepentiré del mal que había pensado hacerles, y en un instante hablaré de la gente y del reino, para edificar y para plantar. Pero si hiciere lo malo delante de mis ojos, no oyendo mi voz, me arrepentiré del bien que había determinado hacerle".

Note que las cosas que el Señor profetizó eran condicionales, dependiendo de las acciones de la gente. Las profecías declaradas sobre individuos, ciudades, naciones e iglesias sobre futuros eventos dependen de nuestras acciones, actitudes, oración, obediencia y fe.

Jonás el profeta dio una dura palabra de juicio contra la ciudad de Nínive. Les dijo que la ciudad sería juzgada en cuarenta días: "Comenzó Jonás a entrar por la ciudad, camino de un día, y predicaba diciendo: De aquí a cuarenta días Nínive será destruida" (Jonás 3:4).

Dios ni siquiera indicó que hubiera nada que pudieran hacer para detener ese desastre inminente; no obstante, esa palabra no se cumplió exactamente como fue profetizada. Encontramos después que dependía del arrepentimiento de los que habitaban Nínive, y la respuesta de arrepentimiento de la gente de Nínive nunca se mencionó en la profecía de Jonás como una opción. De hecho, el rey de Nínive proclamó un ayuno con la esperanza de que Dios cambiara de opinión (versículos 7-9). Sabemos que Dios aceptó su arrepentimiento, y Nínive fue perdonada. Estoy seguro de que algunos pensaron que Jonás se equivocó porque su profecía decía específicamente que la ciudad sería destruida en *cuarenta días*... fin de la historia. Bien, ¡nunca ocurrió! Se arrepintieron, y esta profecía, proclamada primero por Jonás, fue *cambiada* debido a las acciones de la gente.

En otro ejemplo, el Señor envió un profeta a hablar lo que parecía ser una profecía incondicional para la casa de Elí. Sin embargo, como Elí y sus dos hijos se corrompieron, abortaron lo que Dios originalmente había dicho de ellos. "Por tanto, Jehová el Dios de Israel dice: Yo había dicho que tu casa y la casa de tu padre andarían delante de mí perpetuamente; mas ahora ha dicho Jehová: Nunca yo tal haga, porque yo honraré a los que me honran, y los que me desprecian serán tenidos en poco. He aquí, vienen días en que cortaré tu brazo y el brazo de la casa de tu padre, de modo que no haya anciano en tu casa" (1 Samuel 2:30-31). A pesar de las promesas proféticas previas de que Eli y sus hijos heredarían el sacerdocio, las acciones presentes lo interrumpieron. Dios había dicho en un principio que ocurriría, pero más tarde vemos que Dios dice "mas ahora", queriendo decir que algo ocurrió entre medias que interrumpió el plan original de Dios declarado por el profeta.

¿Y qué tal la profecía dada al rey Ezequías de que moriría? No había condiciones o información adicional que el profeta Isaías le diera, sino que la profecía simplemente decía: "Ordena tu casa, porque morirás" (Isaías 38:1). Sin embargo, la profecía original pareció cambiar después porque él puso su rostro contra la pared y oró, y como resultado, el Señor le concedió quince años más de vida. ¿Es posible que mucha gente en ese día hubiera pensado que Isaías el profeta se equivocó? La gente más cercana a Ezequías que había oído o documentado la profecía original puede que se preguntara qué hubiera pasado si no hubieran estado al tanto de la modificación de la profecía que vino tras su arrepentimiento. Si recuerda, la palabra original se dijo sin condición alguna.

También sabemos que el rey Josías fue un gran reformador, y Dios le profetizó a través de una mujer llamada Hulda. Esta profetisa declaró una palabra profética al rey Josías diciendo que moriría en paz porque su corazón era tierno y era humilde con Dios (2 Crónicas 34:28).

Sin embargo, aunque profetizó que moriría en paz, leyendo

más adelante sobre su vida en las Escrituras, sabemos que murió a espada porque no buscó el consejo del Señor: "Y los flecheros tiraron contra el rey Josías. Entonces dijo el rey a sus siervos: Quitadme de aquí, porque estoy gravemente herido. Entonces sus siervos lo sacaron de aquel carro, y lo pusieron en un segundo carro que tenía, y lo llevaron a Jerusalén, donde murió; y lo sepultaron en los sepulcros de sus padres" (2 Crónicas 35:23-24) ¿Era una falsa profetisa, o se equivocó? ¿O simplemente fue un ejemplo de profecía condicional, la cual requiere que nos alineemos con lo que se dijo originalmente?

Samuel el profeta profetizó que Saúl sería el rey de Israel, lo cual ocurrió (1 Samuel 9:17). Samuel también profetizó que el reino de Saúl sería establecido para siempre (1 Samuel 13:13). Sin embargo, sabemos que el Señor después dijo que el reino sería rasgado literalmente de Saúl (1 Samuel 15:26-28). Este era un cuadro muy diferente de lo que se profetizó originalmente. Las profecías declaradas por Samuel dependían de las acciones y la obediencia del rey Saúl, aunque esas condiciones no se mencionaron cuando se profetizó originalmente.

Otro ejemplo de una profecía que cambió fue la palabra dada al rey Acab por el profeta Elías de que vendría desastre sobre él y sobre sus hijos por el mal que habían hecho. Sin embargo, Acab se arrepintió y se humilló, así que después Dios dijo que no traería desastre sobre él durante su vida (1 Reyes 21:19-29).

También está lo que yo llamo las profecías "si". Son condiciones proféticas que requieren nuestra participación en el proceso profético. En otras palabras, la condición y responsabilidad por nuestra parte está mencionada en la misma profecía para ayudar a que se cumpla la palabra profética.

Un ejemplo lo podemos encontrar en 2 Crónicas 7:14 (énfasis añadido):

> "Si se humillare mi pueblo, sobre el cual mi nombre es
> invocado, y oraren, y buscaren mi rostro, y se convir-
> tieren de sus malos caminos; entonces yo oiré desde
> los cielos, y perdonaré sus pecados, y sanaré su tierra".

Note la responsabilidad que se espera con la suma de la palabra
si. Basado en *si* hacen ciertas cosas, hay un resultado. Es *entonces*
y sólo entonces que la promesa profética se cumple. En otras palabras, si ellos hacen su parte en el secreto profético, entonces Dios
hace la suya.

A estas alturas probablemente vea que cumplir las condiciones y
alinearse con la palabra del Señor es muy importante. Lo que quiero
que vea es que necesitamos alinearnos con la palabra profética del
Señor para poder disfrutar de la bendición. Cuando sabemos que una
palabra es del Señor, debemos asegurarnos de alinearnos con ella, se
hayan declarado o no condiciones en la profecía. La meta final es que
queremos recibir los secretos del Señor y caminar en las cosas que
Dios quiere para nuestro bien y no permitir que sean abortadas.

ANÍMESE

Para finalizar este libro, quiero que se anime con las cosas proféticas de Dios. Véalas como una bendición en la que puede funcionar
y también recibir. A medida que lo recibe, mi oración es que salga
sabiendo cómo ejercitar sus sentidos espirituales para oír, ver y
percibir con más precisión. Oro para que haya aprendido algunos
principios que le ayuden a conocer su potencial profético y le ca-
paciten para funcionar en el protocolo, límites y responsabilidades
correctas que acompañan los secretos del Señor. Mi deseo ha sido
que el equilibrio adecuado y las pautas que he cubierto en estas pá-
ginas le ayuden en su destino profético.

A medida que aprende a sacar de la unción profética que hay en
su espíritu, mantenga su vida sometida a la supervisión espiritual
adecuada, y permita que Dios le enseñe cada día. Dios quiere usar-

le para compartir sus secretos con el mundo. Tenemos que estar preparados y dispuestos a dejar que toda la creación conozca que el revelador de secretos ha venido. Sí, mi amigo, ¡esto son sin dudas buenas noticias!

ORACIÓN DE SALVACIÓN

⋯ ✠ ⋯

QUIERO INVITARLE PERSONALMENTE A ACEPTAR A CRISTO Jesús como su Salvador personal y su Señor si aún no le conoce. Simplemente haga la siguiente oración con todo su corazón y su fe:

Padre celestial, vengo a ti en el nombre de Jesús. La Biblia dice que todo el que invoque el nombre del Señor será salvo (Hechos 2:21). Yo ahora clamo a ti, Jesús, y te pido que vengas a mi corazón y mi vida, según Romanos 10:9-10, que dice que si confieso con mi boca al Señor Jesús y creo en mi corazón que tú, Dios, le levantaste de los muertos, seré salvo.

Por tanto, creo en mi corazón que tú, Dios, levantaste a Jesús de los muertos, y ahora digo con mi boca ¡que Jesús es mi Señor! Te pido, Señor, que me perdones todos mis pecados, y sé que ahora soy una nueva criatura en Cristo Jesús (2 Corintios 5:17; 1 Juan 1:9).

BAUTISMO EN EL ESPÍRITU SANTO

〰️

Ahora que sabe que es cristiano y ha hecho la oración de salvación, o ya aceptó a Jesús, está listo para ser lleno de su Espíritu Santo. Haga esta oración:

Padre celestial, sé que soy salvo. Jesús es mi Señor, y creo que está vivo y que tú le levantaste de los muertos. Tú prometiste en tu Palabra darme el Espíritu Santo si yo lo pedía (Lucas 11:13). También dijiste que recibiría poder después de que el Espíritu Santo viniera sobre mí (Hechos 1:8). Ahora te pido que me llenes con tu Espíritu Santo. Espíritu Santo, levántate dentro de mí. Te pido que me llenes con tu Espíritu y, mientras te alabo, Dios, voy a comenzar ahora a hablar en lenguas según tú me des las palabras (Hechos 2:4).

Comience a alabar a Dios por llenarle con el Espíritu Santo, y declare las palabras y sílabas no en su propio idioma, sino en el lenguaje del Espíritu Santo con las sílabas que está oyendo dentro de su corazón. Ahora use su propia voz, labios, y lengua para hablar. El Espíritu de Dios le dará las palabras. Su trabajo es ceder a las palabras que le han dado abriendo su boca y declarando su nuevo lenguaje celestial.

¡Continúe orando en lenguas cada día!

NOTAS

CAPÍTULO 1
OÍR SECRETOS DE LA SALA DEL TRONO

1. "Disaster Managemente, Iran: Bam Earthquake", *International Federation of Red Cross and Red Crescent Societies*, http://www.ifrc.org/what/disasters/response/iran.asp (consultado el 23 de marzo de 2009).

CAPÍTULO 2
EL REVELADOR DE SUEÑOS HA LLEGADO

1. Smith Wigglesworth, "Monday Morning Devotionals", http://www.geocities.com/mmdevotionals/44_operating_in_the_gifts_of_the_spirit. html (consultado el 25 de marzo de 2009).

2. *Broadman and Holman Ultrathin Reference Edition* (Nashville, TN: B&H Publishing Group, 1996).

CAPÍTULO 4
LECCIONES PARA OÍR LOS SECRETOS DE DIOS

1. Hank Kunneman, *No deje de insistirle a Dios* (Lake Mary, FL: Casa Creación, 2009).

CAPÍTULO 9
CÓMO ALINEARSE CON LA PALABRA PROFÉTICA

1. Doyle Rice, "Record de nevadas significa un gran deshielo", *USA Today*, 7 de marzo de 2008, http://www.usatoday.com/weather/storms/winter/2008-03-06-winter_n.htm (consultado el 6 de mayo de 2009).

2. Carol Jordan, "Que nieve…en Bagdad," CNN.com, 11 de enero de 2008, http://www.cnn.com/exchange/blogs/in.the. field/2008/01/let-itsnow-in-baghdad.html (consultado el 3 de abril de 2009).

3. "China advierte a millones que abandones sus planes de viajar", CNN.com, 31 de enero de 2008, http://edition.cnn. com/2008/WORLD/asiapcf/01/31/china.weather/index.html (consultado el 3 de abril de 2009).

4. Agence France-Presse, "Oriente Medio; Extrañas nevadas", NYTimes.com, 31 de enero de 2008, http://query.nytimes.com/gst/ fullpage.html?res=940CE4DD133EF932A05752C0A96E9C8B63&se c=&spon= (consultado el 3 de abril de 2009).

5. "Ventisca en el norte de América en el 2008," Wikipedia.com, http://en.wikipedia.org/wiki/North_American_blizzard_of_2008 (consultado el 3 de abril de 2009). Ver recursos relacionados usados por Wikipedia para más información.

6. Demian McLean, "Tornados en el sur matan a 50 en un extraño golpe invernal", Bloomberg.com, http://www.bloomberg .com/apps/news?pid=20601103&sid=aJ9moCnc8_i8 (consultado el 3 de abril de 2009).

7. "Un terremoto de 5.4 sacude Illinois; También se sintió en Indiana". The Associated Press, 18 de abril del 2008, http://www .herald-dispatch.com/homepage/x996192529 (consultado el 3 de abril de 2009).

8. Mike Carney, "Un terremoto a primeras horas de la mañana atraviesa el centro del país", *USA Today*, http://blogs.usatoday. com/ondeadline/2008/04/early-morning-e.html (consultado el 3 de abril de 2009).